房地产经营与管理丛书

房地产经纪及实务

主　审　周正辉

主　编　尹爱飞　李盼盼

副主编　杜转萍　李本里　韩华丽

东北大学出版社

·沈　阳·

© 尹爱飞 李盼盼 2018

图书在版编目（CIP）数据

房地产经纪及实务／尹爱飞，李盼盼主编．——沈阳．
东北大学出版社，2018.6
　ISBN 978-7-5517-1894-3

　Ⅰ．①房…　Ⅱ．①尹…②李…　Ⅲ．①房地产业−经
纪人−中国−资格考试−自学参考资料　Ⅳ．
①F299.233.55

　中国版本图书馆 CIP 数据核字（2018）第 130474 号

_____

出 版 者：东北大学出版社
　　　　　地址：沈阳市和平区文化路三号巷 11 号
　　　　　邮编：110819
　　　　　电话：024-83687331（市场部）　83680267（社务部）
　　　　　传真：024-83680180（市场部）　83680265（社务部）
　　　　　网址：http://www.neupress.com
　　　　　E-mail：neuph@neupress.com
印 刷 者：沈阳市第二市政建设工程公司印刷厂
发 行 者：东北大学出版社
幅面尺寸：185mm×260mm
印　　张：13
字　　数：277 千字
出版时间：2018 年 6 月第 1 版
印刷时间：2018 年 6 月第 1 次印刷
策划编辑：向　阳
责任编辑：王　程
责任校对：项　阳
封面设计：潘正一
_____

ISBN　978-7-5517-1894-3　　　　　　　定　价：39.00 元

"房地产经营与管理丛书" 编委会

主　任　周正辉

副主任　尹爱飞　费文美

编　委　(按姓氏音序排列)

陈　港　陈　玲　陈　倩　杜转萍

韩华丽　李本里　李盼盼　钱安利

汪　良　肖景橙　许　萍　杨　娜

袁笑一　张海念

前　言

　　本书是房地产专业核心课程教材，是培养房地产专业学生的房地产经纪、房地产估价、房地产开发与报建、房地产投资分析、房地产营销与策划等几大核心能力之一的"房地产经纪"能力的专用教材。本书紧扣相关工作岗位对经纪人员的新要求，全面贯彻理论与实践紧密融合的原则。

　　全书包括房地产经纪概述、房地产经纪业务开展前的准备工作、存量房租赁居间业务、存量房买卖居间业务、新建商品房经纪业务、个人住房贷款代办业务、不动产登记代办业务、房地产经纪业务风险防范等几大板块。教材的内容几乎覆盖了到目前为止房地产经纪行业所有的业务环节，适合房地产经营与管理、房地产开发与管理、房地产营销与策划、市场营销、物业管理等普通高等院校专业的学生使用。同时，也可以作为房地产经纪从业人员考取全国房地产经纪专业人员职业资格证书的重要参考资料。

　　本书由房地产经营与管理专业委员会副主任周正辉主审，本书的编写人员是在高校教授房地产经纪及相关课程多年的教师，均考取了"房地产经纪专业人员职业资格证书"，其中尹爱飞、李本里老师还具有在房地产经纪机构从业的经验。本书的第一章、第二章、第五章是由尹爱飞编写，第三章、第四章由李盼盼编写，第七章由李本里编写，第六章由杜转萍编写，韩华丽编写第八章。

　　本书得到了重庆市 2014 年重大课题"基于 MOOC 的翻转课堂教学模式研究与实践"的资金支持。

　　限于编者的能力和水平，教材中不足之处在所难免，敬请各位同行、专家和广大读者批评指正，以使教材更加完善。

编　者

2018 年 1 月

目　　录

第一章 房地产经纪概述

第一节 经纪活动

一、经纪的内涵和特点

(一) 经纪的内涵

经纪是社会经济活动中的一种中介行为，是指为促成各种市场交易而从事的居间、代理及行纪等的有偿服务活动。

在现实生活中，无论是何种经纪活动，均包含以下两层基本含义：其一，经纪活动是一种中介活动，即主要提供信息和专业知识服务来进行"牵线说合"，促成交易；其二，以获取佣金为目的，即经纪人提供中介服务，以营利为目的，应以"佣金"方式取得其劳动服务的报酬。

(二) 经纪的特点

经纪作为一种中介服务活动，主要有下列特点。

1. 活动范围的广泛性

可以说，市场上有多少种商品就会有多少种经纪活动，不仅包括有形商品（如房屋、土地等），还包括无形商品（如保险、体育活动等），需求的差别为经纪活动提供了广阔的空间。

2. 活动内容的服务性

在经纪活动中，经纪主体只提供服务，不直接从事经营。经纪机构对其所服务的商品没有所有权、使用权、抵押权等，也不存在买卖行为。当然，经纪机构的自营买卖不属于经纪行为。

3. 收入的后验性

虽然经纪活动是一种有偿服务，但经纪服务提供方获得的收入是根据服务的结果来最终确定的。一方面，无论经纪服务的提供方对经纪服务过程中所提供服务的各项具体内容的数量和质量如何，最终能否获得佣金完全取决于经纪服务是否使委托人与交易相对人达成了交易。另一方面，经纪服务佣金的数额大小最终由交易成交额决定。

4. 活动地位的居间性

在经纪活动中，发生委托行为的必要前提是存在着可能实现委托目的的第三主体，即与委托人进行交易的对方。而提供经纪服务的人，只是在委托人与其交易对方所进行的事项中发挥撮合、协助的作用。不存在第三主体的委托事项，不属于经纪服务。

5. 活动责任的确定性

在经纪活动中，经纪机构与委托人之间通过签订经纪合同明确各自的权利与义务。在不同的经纪方式下，经纪人员承担着不同的法律责任和义务。明确的法律关系，是经纪活动中双方诚实、守信的基础。

6. 活动主体的专业性

由于不同商品有着各自不同的特点，其市场运行规律也各有不同，因此没有全能经纪人。一般来讲，每一个经纪人总是专注于一类商品或一种市场，从而形成各种不同专业的经纪人，如股票经纪人、房地产经纪人、文艺经纪人、体育经纪人等。这就是经纪活动主体的专业性。

二、经纪的作用

经纪在经济活动中的作用集中表现在各种经济活动中的沟通和中介作用，即沟通市场供给与需求，提供撮合买卖的中介服务。经纪可以使交易双方预先掌握有关专业知识，减少双方信息沟通时间，从而加快交易速度，提高交易效率。经纪机构就是为交易双方互通信息，提供专项服务，是受一方委托与另一方具体接触磋商的桥梁。

经纪活动的一般作用主要体现在五个方面。

（一）传播经济信息

经纪能够发挥信息传播作用，从事经纪活动的经纪人员依靠自身的专业知识，借助中介的优势和有效的设备，能够有针对性地汇集和把握市场供求双方的信息。通过中介过程的实施，买卖双方也就能对买卖商品的行情和有关信息有清晰的了解。

（二）加速商品流通

从事经纪活动的经纪人员在各自熟悉的专业领域中不断实践，积累了丰富的交易经验和交易技巧，因此在每个交易环节上，能够综合行情及价格走势，考虑各种交易因素，按照交易规则和法律法规的要求，及时进行恰当的分析和准确的判断。经纪人员熟练地办理烦琐和复杂的手续，能够帮助交易双方顺利通过各个交易环节，以合理的价格、最短的时间完成交易。

（三）优化资源配置

资源的合理配置，主要是指人力、物力、财力在各种不同的作用方向之间的合理分配。经纪的最基本作用就是沟通供求双方，发挥信息传播作用。在经纪活动中，经纪人员在市场广泛的客户层面中依据工人的竞价原则为买主寻找卖主，或者为卖主寻找买主，这种顺应市场竞争规律的持续的经纪活动过程，会引导企业等买卖双方将资源向合理的方向配置。可见，经纪服务能发挥资源优化配置的积极作用。

（四）推动市场规范完善

通过经纪活动，经纪人员可以积累大量的交易经验，把握交易的规律性特点，从而能够通过企业的委托业务，影响企业在竞争中的行为从不规范转向规范。可见，在市场管理部门规范化管理的指导下，经纪人员通过自身努力，通过中介组织的协调，能够发挥推动市场规范化的积极作用。

（五）促进社会经济发展

社会经济的发展是伴随着社会分工的专业化、系统化而实现的。在市场多样化瞬息万变的今天，在相对过剩的买方市场时期，对于生产企业来讲，通过委托经纪活动来处理涉及市场和交易的问题，可以更加准确地把握市场机遇，及时、优质地解决生产以外的各种专业难题。因此，经纪活动的服务可以促进社会经济的发展。在我国社会主义市场经济的发展过程中，经纪活动的这一作用将会日益凸显。

三、经纪收入

佣金是经纪收入的基本来源，其性质是劳动收入、经营收入和风险收入的综合体，是对经纪机构开展经纪活动所付出的劳动时间、花费的资金和承担的风险的总回报。国家保护经纪机构依法从事经纪活动并收取佣金的权利。

佣金分为法定佣金和自由佣金两种。法定佣金是指经纪机构从事特定经纪业务时按照国家对特定经纪业务规定的佣金标准收取佣金。法定佣金具有强制力，当事人各方都应接受，不得高于或低于法定佣金。自由佣金是指经纪机构与委托人协商确定的佣金，自由佣金一经确定并写入经纪合同后，便具有法律效力，违约者必须承担违约责任。除了法律、法规另有规定外，佣金的支付时间由经纪机构与委托人自行约定。

第二节　房地产经纪

一、房地产经纪的概念和分类

（一）房地产经纪的概念

房地产经纪是指以收取佣金为目的，为促进他人房地产交易而从事居间、代理等经纪业务的经济活动。

（二）房地产经纪的分类

1. 房地产居间

房地产居间是房地产经纪机构向委托人报告房地产交易合同的机会或者提供订立房地产交易合同的媒介服务，并收取委托人佣金的行为。

为适应市场需求，房地产居间活动逐渐发展成为专业化操作相对独立的工作领域，如房地产买卖居间、房地产租赁居间、房地产抵押居间、房地产投资居间等。

2. 房地产代理

房地产代理是房地产经纪机构以委托人的名义，在授权范围内，以促成委托人与第三方进行房地产交易而提供服务，并收取委托人佣金的行为。商品房销售代理是中国目前房地产代理活动的主要形式。

3. 房地产居间与房地产代理的区别

房地产居间与房地产代理是两类不同的经纪活动，在法律性质上有明显差异：在房地产居间业务中，房地产经纪机构可以同时接受一方或相关两方委托人的委托，向一方或相关两方委托人提供居间服务；而在房地产代理业务中，房地产经纪机构只能接受一方委托人的委托代理事务。

二、房地产经纪的特性

房地产经纪作为一种特殊商品的经纪活动，除了具有经纪活动的一般特性之外，还具有其他经纪活动的特性。

（一）范围的地域性

房地产是不动产，房地产市场是区域性市场，无法像其他商品市场那样通过商品从某个区域向另一个区域的移动来平衡不同区域的市场供求。因此，每个地区、城市的房地产市场都具有明显的区域特性，其市场供求、交易方式都受到当地特定的社会条件、经济条件、历史演变以及地方政府政策的影响。因此，房地产经纪活动的自然主体（即房地产经纪人员）在一定时期内，通常只能专注于某一个特定的区域市场。而房地产经纪活动法律主体（即房地产经纪机构）的跨区域运作也比其他经纪活动困难得多，而且必须依靠不同区域的房地产经纪人员来进行。

（二）后果的社会性

房地产是各种社会经济活动的基础载体，既是最基本的生产资料，又是最基本的生活资料。房地产经纪活动直接影响到这种生产、生活资料的使用效率，因而其活动后果具有广泛的社会性，对各行业和人民生活都有直接的影响。同时，房地产的高价值和房地产交易的复杂性，使房地产交易有可能产生巨大的社会影响。所以，规范、专业的房地产经纪活动有助于保障房地产交易的安全，避免产生巨大的经济风险。此外，由于房地产市场的信息不对称现象特别普遍，如果从事房地产经纪活动的主体凭借自身的专业知识和信息，利用信息不对称来谋取私利，则会导致严重的经济风险和社会风险。

三、房地产经纪的必要性和作用

（一）房地产经纪的必要性

由于经纪活动具有传播经济信息、加速商品流通、优化资源配置等一系列独特作用，因而经纪活动已成为市场经济活动中一个必不可少的组成部分。对于房地产市场而言，由于房地产商品及其交易的特殊性，房地产经纪活动更是其不可或缺的重要组成部分。

1. 房地产价格高所致

由于房地产的价格昂贵，维持房地产这类存货的费用太高，在绝大多数情况下，经销商难以承受。

2. 房地产的不可移动性所致

房地产是不可移动的独特商品，其交易过程是把消费者往产品处集中，以达到认识和购买的目的。这对于房地产开发商来说往往并不经济，直接销售力量不强会积压资金。在通常情况下，产销分离是一种合理的选择，经纪人员能以合理的费用提供专业化销售服务。

3. 房地产交易的复杂性所致

由于房地产交易的复杂性，每一笔交易都需要耗费时日，并且还要懂得有关的法律、财务或估价知识。训练有素的经纪人员能为买卖双方提供各种专业帮助，而且房地产买方大都需要融资，经纪人员熟悉抵押贷款的各种规定，能帮助买主向金融机构筹措购房贷款。因此，在一些市场经济发达的国家，绝大部分房地产交易均经过了房地产经纪人员的努力，如在美国成交的存量房买卖总量当中，约有80%的房地产交易是通过房地产经纪人员的经纪服务而成交的。

(二) 房地产经纪的作用

1. 降低交易成本，提高市场效率

由于房地产商品和房地产交易的复杂性，大多数房地产交易主体由于缺乏房地产领域的专业知识和实践经历，如果独立、直接地进行房地产交易，不仅要在信息搜集、谈判、交易手续办理等诸多环节上花费大量的时间、精力和资金成本，而且效率低下。这种状况对房地产交易具有显著的阻滞效应，从而导致房地产市场整体运营的低效率。房地产经纪是社会分工的进一步深化，专业化的房地产经纪机构可以通过集约化的信息搜集和积累、专业化的人员培训和实践，通过掌握、了解丰富的市场信息，具有扎实房地产专业知识和从事房地产交易专业技能的房地产经纪人员为房地产交易主体提供一系列有助于房地产交易实现的专业化服务，从而降低每宗房地产交易的成本，加速房地产流通，提高房地产市场整体运行的效率。

2. 规范交易行为，保障交易安全

房地产交易是一种复杂的房地产产权与价值运动过程，只有按照有关法律、法规、规范及科学的房地产交易流程操作房地产交易的每一个环节，才能保证房地产交易安全、顺利完成。否则，轻则导致房地产交易失败，重则导致交易当事人的重大财产损失，甚至干扰房地产市场秩序，引发金融风险。在现实的房地产市场上，一方面许多房

地产交易主体由于缺乏有关的法律和房地产交易知识而实施不规范的交易行为；另一方面，有些房地产交易主体由于某些自私的动机或怕麻烦的心理而实施不规范的交易行为。房地产经纪机构可以通过房地产经纪人员的专业化服务，向房地产交易主体宣传房地产交易的相关法律、法规，警示不规范行为及其可能产生的后果，并通过良好的内部管理制度，监控客户在房地产交易中的不规范行为，从而规范房地产交易行为。同时，房地产经纪主体作为房地产交易的中介，可以提供一系列交易保障服务，从而保障房地产交易安全，维护房地产市场的正常秩序。

3. 促进交易公平，维护客户的合法权益

房地产交易中，信息不对称现象突出。一旦信息充足一方出现机会主义行为，如隐瞒、欺骗，则信息缺乏一方往往因受专业知识所限和交易经验的匮乏，难以识别交易中的不公平因素并影响其做出合理的决策。在这种情况下，一旦交易达成，往往有失公平。房地产经纪作为市场中介，通过向客户提供丰富的市场信息和决策参谋服务，能够大大减少房地产信息不对称对房地产交易的影响，帮助客户实现公平的房地产交易，维护客户的合法权益。

第三节　房地产经纪人员

一、房地产经纪专业人员职业资格制度概述

为了适应房地产经纪行业发展的需要，加强房地产经纪专业人员队伍建设，提高房地产经纪专业人员素质，规范房地产经纪活动秩序，依据《中华人民共和国城市房地产管理法》《国务院机构改革和职能转变方案》和国家职业资格证书制度有关规定，在总结原房地产经纪人员职业资格制度实施情况的基础上，人力资源社会保障部、住房城乡建设部于 2015 年 6 月 25 日发布了《房地产经纪专业人员职业资格制度暂行规定》（以下简称《暂行规定》）和《房地产经纪专业人员职业资格考试实施办法》，自 2015 年 7 月 1 日起实施。

《暂行规定》确定了国家设立房地产经纪专业人员水平评价类职业资格制度，面向全社会提供房地产经纪专业人员能力水平评价服务，使房地产经纪专业人员纳入全国专业技术人员职业资格证书制度统一规划。在房地产交易活动中，从事促成房地产公平交易，从事存量房和新建商品房居间、代理等专业活动的人员都属于房地产经纪人员。

房地产经纪专业人员职业资格分为房地产经纪人协理、房地产经纪人和高级房地产

经纪人 3 个级别。房地产经纪人协理和房地产经纪人职业资格实行统一考试的评价方式，高级房地产经纪人职业资格评价的具体办法另行规定。通过房地产经纪人协理、房地产经纪人职业资格考试，取得相应级别职业资格证书的人员，表明其已经具备从事房地产经纪专业相应级别专业岗位工作的职业能力和水平，是符合《经济专业人员职务试行条例》中助理经济师、经济师任职条件的人员，用人单位可根据工作需要聘任相应级别经济专业职务。例如，取得房地产经纪人协理职业资格的人员，单位可以聘任其担任助理经济师职务。

二、房地产经纪专业人员考试和登记

（一）房地产经纪专业人员考试

1. 考试组织安排

人力资源社会保障部、住房城乡建设部共同负责房地产经纪专业人员职业资格制度的政策制定，并按职责分工对房地产经纪专业人员职业资格制度的实施进行指导、监督和检查。中国房地产估价师与房地产经纪人学会具体承担房地产经纪专业人员职业资格考试的评价和管理工作，组织成立考试专家委员会，研究拟订考试科目、考试大纲、考试试题和考试合格标准。

从 2016 年起，房地产经纪人协理、房地产经纪人职业资格实行全国统一大纲、统一命题、统一组织的考试制度。原则上每年举行一次考试，考试时间一般安排在每年10 月第二周的周末。每年考试的具体时间由人力资源和社会保障部在上一年第四季度向社会公布。考点原则上设在直辖市和省会城市的大、中专院校或者高考定点学校。

2. 考试报名和条件

申请参加房地产经纪专业人员职业资格考试应当具备的基本条件有：
（1）遵守国家法律、法规和行业标准与规范。
（2）秉承诚信、公平、公正的基本原则。
（3）恪守职业道德。
申请参加房地产经纪人协理职业资格考试的人员，除具备上述基本条件外，还必须具备中专或高中及以上学历。
申请房地产经纪人职业资格考试的人员，除具备上述基本条件外，还必须符合下列条件之一：
（1）通过考试取得房地产经纪人协理职业资格证书后，从事房地产经纪业务工作满 6 年。

（2）取得大专学历，工作满6年，其中从事房地产经纪业务工作满3年。

（3）取得大学本科学历，工作满4年，其中从事房地产经纪业务工作满2年。

（4）取得双学士学位或研究生班毕业，工作满3年，其中从事房地产经纪业务工作满1年。

（5）取得硕士学历（学位），工作满2年，其中从事房地产经纪业务工作满1年。

（6）取得博士学历（学位）。

3. 房地产经纪人员职业资格

在规定的期限内参加应试科目考试并合格的人员，将获得人力资源社会保障部、住房城乡建设部监制的相应级别的"中华人民共和国房地产经纪专业人员职业资格证书"，该证书在全国范围内有效。

（二）房地产经纪专业人员登记

房地产经纪专业人员职业资格证书实行登记服务制度。登记服务的具体工作由中国房地产估价师与房地产经纪人学会负责。中国房地产估价师与房地产经纪人学会定期向社会公布房地产经纪专业人员职业资格证书的登记情况，建立持证人员的诚信档案，并为用人单位提供取得房地产经纪专业人员职业资格证书的信息查询服务。

取得房地产经纪专业人员职业资格证书的人员，应当自觉接受中国房地产估价师与房地产经纪人学会的管理和社会公众的监督。其在工作中如违反相关法律、法规、规章或者职业道德，造成不良影响的，由中国房地产估价师与房地产经纪人学会取消登记，并收回其职业资格证书。

三、房地产经纪专业人员继续教育

根据《暂行规定》，取得相应级别房地产经纪专业人员职业资格证书的人员，应当按照国家专业技术人员继续教育及房地产经纪行业管理的有关规定，参加继续教育，不断更新专业知识，提高职业素质和业务能力。

房地产经纪人协理、房地产经纪人和高级房地产经纪人都属于国家的专业技术人员，按照《专业技术人员继续教育规定》（2015年人社部令第25号）第八条规定：专业技术人员参加继续教育的时间，每年累计应不少于90学时，其中，专业科目一般不少于总学时的三分之二。专业人员参加继续教育的方式包括参加培训班（研修班或者进修班）学习、相关继续教育实践活动、远程教育、学术会议、学术讲座、学术访问活动等。

四、房地产经纪人员的权利与义务

（一）房地产经纪人员的权利

（1）依法发起设立房地产经纪机构。

（2）加入房地产经纪机构，承担房地产经纪机构关键岗位职责。

（3）指导房地产经纪人协理进行各种经纪业务。

（4）经所在机构授权订立房地产经纪合同等重要文件。

（5）要求委托人提供与交易有关的资料。

（6）有权拒绝执行委托人发出的违法指令。

（7）执行房地产经纪业务并获得合理佣金。

（二）房地产经纪人员的义务

（1）遵守法律、法规、行业管理规定和职业道德。

（2）不得同时受聘于两个或两个以上房地产经纪机构执行业务。

（3）向委托人披露相关信息，充分保障委托人的权益，完成委托业务。

（4）为委托人保守商业秘密。

（5）接受国务院建设行政主管部门和地方政府房地产行政主管部门的监督检查。

（6）接受职业继续教育，不断提高业务水平。

五、房地产经纪人员的职业要求

（一）房地产经纪人员的职业道德

房地产经纪人员在职业道德方面应符合以下要求。

1. 守法经营

房地产是不动产，它的产权完全依靠有关法律文件来证明其存在，其产权交易也必须通过有关法律程序才能得以完成。房地产经纪人员是以促使他人的房地产交易成交作为自己的服务内容的，因此必须严格遵守有关的法律、法规。

2. 以诚为本

房地产经纪人员要促成交易，首先必须使买卖双方相信自己。因此，必须以客户的利益为己任，诚实地向客户告知自己的所知，这有助于客户对房地产经纪人员及其所在机构产生信赖感，从而使经纪人员及其所在机构获得良好的社会声誉。

3. 恪守信用

信用是保持经纪活动运行的重要因素。房地产经纪业是以促成客户交易为服务内容的，良好的信用可以给经纪人员带来更多的客户，为经纪机构创造良好的品牌和收益。房地产经纪人员应牢固树立"信用是金"的思想观念，要言必行、行必果。房地产经纪人员在从事经纪服务的过程中会不断遇到需要事先约定或承诺的情况，应注意不要随意许诺，以免失信。

4. 尽职守责

房地产经纪人员的责任，就是促成他人的房地产交易，因此应尽最大努力去实现这一目标，绝不能为图轻松而省略，也不能马马虎虎，敷衍了事。房地产经纪人员要真正承担起自己的职业责任，还必须不断提高自己的专业水平。一方面要加强理论知识学习，掌握日新月异的房地产专业知识及相关科学、技术；另一方面，不断通过实践、与同行及相关人员交流来充实自己的信息量，提高专业技能。

5. 公平竞争，注重合作

竞争与合作是房地产经纪人员时刻面临的问题，而"公平竞争，注重合作"是前提。房地产经纪人员首先必须不怕竞争、勇于竞争，以坦然的心态、公平的方式参与竞争。诋毁同行、恶意削价等不正当的竞争方式，实质上是不敢进行公平竞争的表现。通过合作，房地产经纪人员和经纪机构可以以他人之长补己之短，在做大业务量的同时，提高自己的市场份额和收益。

（二）房地产经纪人员的职业技能

1. 搜集信息的技能

信息是房地产经纪人开展经纪业务的重要资源，房地产经纪人只有具备良好的信息搜集技能，才能源源不断地掌握大量真实、准确和系统的房地产经纪信息。首先，搜集信息的技能包括对日常得到的信息进行鉴别、分类、整理、储存和快速检索的能力。其次，搜集信息的技能还包括根据特定业务需要，准确把握信息搜集的内容、重点、渠道，并灵活运用各种信息搜集方法和渠道，快速有效地搜集有针对性的信息。

2. 市场分析的技能

市场分析技能是指经纪人根据所掌握的信息，采用一定的方法对其进行分析，进而对市场供给、需求、价格的现状及变化趋势进行判断。对信息的分析方法包括数学处理分析、比较分析、因果关系分析等。

3. 人际沟通的技能

房地产经纪人员需要通过与人的沟通，将自己的想法传达给对方，并对对方产生一定的影响，使对方在思想上认同自己的想法，并在行动上予以支持。这不仅要求房地产经纪人员具有良好的心理素质，还要求房地产经纪人员掌握良好的人际沟通技能。具体包括了解对方心理活动和基本想法的技能、适当运用向对方传达自我意识的方式（如语言、表情、身体动作等）的技能、把握向对方传达关键思想的时机的技能等。

4. 供求搭配的技能

房地产经纪人以促成交易为己任，因此不论是居间经纪人，还是代理经纪人，都需要一手牵两家，其实质也就是要使供求双方在某一宗（或数宗）房源上达成一致。在实际工作中，供求搭配技能较高的房地产经纪人成交量高，每笔业务的进展速度也快，工作效率高，而供求搭配技能较差的房地产经纪人则常常劳而无功，工作效率低。

5. 促成交易的技能

交易达成是房地产经纪人员劳动价值得以实现的基本前提，因此它是房地产经纪业务流程中关键的一环。房地产经纪人员如能把握好成交时机，不仅能提高自己的工作效率和经济收益，同时也能保障客户的利益。

（三）房地产经纪人员的基本素质

房地产经纪人员应具备的基本素质包括知识素质、心理素质、关系素质3个方面。

1. 知识素质

知识素质是指人在先天禀赋的基础上通过教育和社会实践活动获得的智力方面的能力，是经纪人员必须具备的基本素质之一。

由于房地产经纪活动的专业性和复杂性，房地产经纪人员必须拥有完善的知识结构。这一知识的核心就是房地产经纪的基本理论与实务知识，该核心的外层是与房地产经纪有关的专业基础知识、法律知识、社会心理知识、房地产专业知识、科学技术知识，最外层是对文化修养产生潜移默化影响的各类文学、艺术乃至哲学等方面的知识。

房地产经纪人员要掌握经济学基础知识，特别是市场和市场营销知识，要懂得市场调查、市场分析、市场预测的一些基本方法，熟悉商品市场，特别是房地产供求变化和发展的基本规律、趋势，了解经济模式、经济增长方式对房地产活动的影响。此外，房地产经纪人员要有法律意识和法律观念，要掌握社会及心理方面的知识，还要掌握包括房屋建筑、房地产金融与投资、房地产测量等房地产专业知识。

2. 心理素质

心理素质是个人素质的重要组成部分，是房地产经纪人员进一步开拓房地产经纪业务、实现个人事业发展的重要保障。房地产经纪人员应具备的心理素质主要有：

（1）自知，自信。所谓自知，是指对自己的了解。所谓自信，对于房地产经纪人员来讲，是指在自知的基础上形成的一种职业荣誉感、成就感和职业活动中的自信力。

房地产经纪人员必须学会与各种不同的人，特别是地位比自己高的人进行沟通，这就需要房地产经纪人员具有充分的自信心。自信来源于自知，房地产经纪人员如果能充分了解自己工作的社会意义，知道自己可以为客户带来效益，就会对自己的社会地位产生自信心，不至于在客户面前自惭形秽。另一方面，房地产经纪人员自身的专业水平也是自信心的重要保证，不管客户在别的领域有多高的地位，但在房地产交易方面，其必须承认房地产经纪人员的专业地位，房地产经纪人员完全可以通过自己专业化的服务来赢得客户的尊重，当然，这也要求房地产经纪人员要不断地提高自己的专业水平。

（2）乐观，开朗。在人与人交往中，乐观、开朗的人使人容易接近，因而更受人欢迎。房地产经纪人员如果本身不具备这种性格，就应主动培养自己乐观、开朗的气质。

首先，要在心态上调整自己。房地产经纪人员一定要懂得，几次业务的失败不等于这项工作的失败，要对自己所从事的职业保持乐观心态。另外，房地产经纪人员如果能树立与同事、同行积极合作、公平竞争的心态，就不会因竞争而产生消极、悲观情绪，更不会产生嫉妒、敌视之类的卑下心理，乐观、开朗的气质就容易形成。其次，要更多接触美好的事物，如宜人的风景、优美的艺术品，用这些美好的东西来陶冶自己乐观的气质，同时应注意在自己的表情、仪容、语言中增加积极、美好的元素，以及"我想我能做成这笔交易""我一定能想出办法解决这个问题"等积极的自我心理暗示。

（3）坚韧，奋进。在工作中，房地产经纪人员会经常遇到挫折，这就要求他们不仅要以乐观的心态面对挫折，还需要以坚忍不拔的精神来化解挫折。要做到这一点，他们一方面要认识到房地产交易的复杂性，另一方面要树立吃苦耐劳的精神，才能不厌其烦地战胜种种挫折。

房地产经纪人员还应具有积极向上的奋进精神。一方面，房地产经纪人员应充分认识时代、环境在不断地发生巨变，很多过去自己熟悉、掌握的知识、技能、信息可能变得过时、陈旧、不能发挥作用了，因此要不断地学习新知识、新技术，了解信息，接受再教育；另一方面，房地产经纪人员在业务上要有不断开拓的意识和勇气，市场需求瞬息万变，房地产经纪人员切不可故步自封，只局限于自己所熟悉的领域，要不断地开拓新市场，建立新的客户群，形成新的业务类型。

3. 关系素质

关系素质是指人对于关系网络的组织、协调和管理的能力。如何建立房地产经纪人员与其他房地产经纪人员、委托人和相关方之间的关系网络，并管理好这一关系网络，就需要房地产经纪人员不但要具有较高的知识素质，还要具有较高的关系管理智慧。结合房地产经纪行业的特点，房地产经纪人员应具备的关系素质概括起来包括：组织能力、协调能力、社交能力。

（1）组织能力。从管理的角度讲，房地产经纪人员从事房地产经纪活动的过程实际上就是把具有交易意向和交易条件的供需双方组织起来进行交易的过程。在撮合交易的过程中，房地产经纪人员具有一定的组织能力，懂得掌握交易双方的心理，引导双方交易的进行；在交易双方产生分歧的时候，房地产经纪人员要善于妥善处理对立的意见，理顺交易双方之间的关系，保证交易顺利、有序地进行。

（2）协调能力。房地产经纪活动表面上看是房地产经纪人员撮合交易双方成交的过程，但实质上却是房地产经纪人员协调交易双方以及交易双方背后的重重关系系统整合的过程。因此，要促成交易，就要求房地产经纪人员具有一定的协调能力，不仅能够识别他人的情绪、处理好人际关系，而且能够将这一关系放在社会经济的大系统中进行考察，权衡利弊，并且能够在产生分歧或矛盾的时候，从中斡旋和协调，最终促成交易。

（3）社交能力。社交能力是房地产经纪人员应该具备的一种基本素质。房地产经纪活动是一项复杂的服务性活动，房地产经纪人员在从事房地产经纪活动的过程中要与从事不同行业、不同性格、不同年龄层次、不同水平的人打交道，这就要求房地产经纪人员具有较强的社交能力，在与不同人打交道的时候，能够坚持以诚为本，不卑不亢，以理服人，以情动人。只有具有较强的社交能力，房地产经纪人员才能够应付各种不同场合，与不同的客户建立良好的合作关系，才能获得委托人的信赖，从而出色地完成房地产经纪工作。

第四节　房地产经纪机构

一、房地产经纪机构的设立和备案

（一）房地产经纪机构的设立

房地产经纪机构的设立应符合《中华人民共和国公司法》《中华人民共和国合伙企业法》《中华人民共和国个人独资企业法》《中华人民共和国中外合作经营企业法》《中华人民共和国中外合资经营企业法》《中华人民共和国外资企业法等法律法规及其实施细则》和工商登记管理的规定。设立房地产经纪机构，应当向工商行政管理部门设立登记，领取营业执照后，方可开业。

设立房地产经纪机构，应当具备以下条件：

（1）有自己的名称、组织机构。

（2）有固定的服务场所。

（3）有规定数量的财产和经费。

（4）有足够数量的专业人员，设立房地产经纪机构应当具备一定数量的房地产经纪人和房地产经纪人协理，具体数量由各市、县房地产主管部门或其委托的机构制定。

（5）法律、法规规定的其他条件。

（二）房地产经纪机构的备案

房地产经纪机构及其分支机构应当自领取营业执照之日起30日内，到所在直辖市、市、县级人民政府建设（房地产）主管部门办理备案。

房地产经纪机构办理备案应符合下列条件：

（1）依法取得营业执照。

（2）具有符合规定数量的房地产经纪人专职人员。

（3）企业主要人员有合法身份证明。

（4）法律、法规和规章规定的其他条件。

（5）房地产经纪机构的名称及服务场所应与营业执照的记载一致。

房地产经纪机构申请办理备案应提交的材料通常包括：

（1）房地产经纪机构备案登记表。

（2）营业执照。

（3）法定代表人（执行合伙人、负责人）身份证件。

直辖市、市、县级人民政府建设（房地产）主管部门应当将房地产经纪机构及其分支机构的名称、住所、法定代表人（执行合伙人）或者负责人、注册资本、房地产经纪人员等备案信息向社会公示。

二、房地产经纪机构的变更与注销

（一）房地产经纪机构的变更

房地产经纪机构（含分支机构）的名称、法定代表人（执行合伙人、负责人）住所、注册房地产经纪人员等备案信息发生变更的，应当在变更后30日内向原备案机构办理备案变更手续。

（二）房地产经纪机构的注销

房地产经纪机构的注销，标志着其主体资格的终止。注销后的房地产经纪机构不再有资格从事房地产经纪业务，注销时尚未完成的房地产经纪业务应与委托人协商处理，可以转由他人代为完成，或者终止合同并赔偿损失。在符合法律规定的前提下，也可以用其他方法解决。

房地产经纪机构的备案证书被撤销后，应当在规定期限内向所在地工商行政管理部门办理注销登记。房地产经纪机构歇业或因其他原因终止经纪活动的，应当在向工商行政管理部门办理注销登记后30日内向原办理登记备案手续的房地产行政主管部门或其委托的机构办理注销手续，逾期不办理视为自动撤销。

三、房地产经纪机构的分类

（一）按照企业性质划分

1. 房地产经纪公司

房地产经纪公司是指依照《中华人民共和国公司法》和有关房地产经纪管理的部门规章，在中国境内设立的经营房地产经纪业务的有限责任公司和股份有限公司。有限责任公司和股份有限公司都是机构法人。有限责任公司是指股东以其所认缴的出资额对公司承担有限责任，公司以其全部资产对其债务承担责任；股份有限公司是指其全部资本分为等额股份，股东以其所持股份为限对公司承担责任，公司以其全部资产对公司债务承担责任。出资设立公司的出资者可以是自然人也可以是法人，出资可以是国有资产公司也可以是国外资产，出资形式可以是货币资本也可以是实物、工业产权、土地使用权作价出资，但对作为出资的实物、工业产权、非专业技术或者土地使用权，必须进行评估作价，核实财产，不得高估或者低估作价。

2. 合伙制房地产经纪机构

合伙制房地产经纪机构是指依照《中华人民共和国个人独资企业法》和有关房地产经济管理的部门规章，在中国境内设立的，由各合伙人订立合伙协议、共同出资、合伙经营、共享收益、共担风险，并对合伙机构债务承担无限连带责任的从事房地产经纪活动的营利性组织。

3. 个人独资房地产经纪机构

个人独资房地产经纪机构是指依照《中华人民共和国个人独资企业法》和有关房地产经济管理的部门规章，在中国境内设立，由一个自然人投资，财产为投资个人所有，投资人以其个人财产对机构债务承担无限责任的从事房地产经济活动的经营实体。

4. 房地产经纪机构设立的分支机构

分支机构能独立开展房地产业务，但不具有法人资格。该机构承担责任的形式由机构的组织形式来决定，股份有限公司和有限责任公司以其全部财产承担有限责任，合伙机构和个人独资机构承担无限连带责任。

(二) 按业务类型划分

1. 以租售代理、居间业务为重点的实业型房地产经纪机构

这类机构可根据主要业务类型的不同分为代理机构和居间机构。目前代理机构主要以新建商品房销售代理为主要业务，居间机构则以二手房租售的居间业务为主。当然，也有一些房地产经纪机构趋向于代理和居间并重，其中最常见的是兼营商品房销售代理和二手房租售居间。

2. 以房地产营销策划、投资咨询业务为重点的顾问型房地产经纪机构

这类房地产经纪机构对房地产市场的研究和认识较为全面，主要为房地产开发商和大型房地产投资者提供营销策划、投资分析等咨询类服务，并承担大型的国际酒店、写字楼、商铺等相关房地产的代理销售业务。

3. 管理性房地产经纪机构

这类机构的经纪业务主要局限于其上级开发商推出的各类楼盘的租售代理及物业管

理，适当兼营其他开发商的物业代理业务。此类机构专注于物业管理服务，在楼宇规划、建设、销售、管理等方面有着丰富的经验。

4. 全面发展的综合性房地产经纪机构

此机构涉足房地产服务的多个领域，如经纪、估价、咨询、培训等，是一种综合性的房地产服务机构。这类机构在英国和我国香港地区较多，目前我国内地也有少数大型房地产机构正在朝这个方向发展。

第五节 房地产经纪行业及行业管理

一、房地产经纪行业发展历程

（一）房地产经纪行业的产生

到了近现代，社会分工日益发展，生产社会化程度日益提高，市场迅速扩大，商品市场内在信息不对称问题日益突出。一方面，众多生产者不能及时找到消费者；另一方面，众多消费者找不到合适的商品。传统的商业形式并不能解决这一矛盾，新的商业组织形式和经营方式不断革新涌现。一部分掌握各种信息和购销渠道的人为交易双方提供信息介绍和牵线服务，促成交易的实现，由此产生了人类经纪活动的全新行业——经纪业。尤其是随着市场细化和专业化程度的提高，交易的难度和费用提高，在一些专业市场上更需要那些具有专门知识和交易技巧的人为客户提供服务或代客户进行交易。各种服务于特定的专业市场的经纪人员成为市场运行必不可少的部分，并通过提供服务获得经济收入，房地产经纪就是在这样的背景下产生的。

1840 年鸦片战争以后，上海等一些通商口岸城市出现了房地产经营活动，房地产掮客也应运而生。房地产掮客活动的范围十分广泛，有买卖、租赁、抵押等。在上海，房地产掮客大致分为两大类，第一类为挂牌掮客，以"房地产公司""房地产经租处""房地产事务所"挂牌。挂牌掮客一般在报纸上刊登房地产出卖或空屋出租广告，待顾客前来固定经营场所询问，成交后收取若干佣金。第二类为流动掮客，没有固定的办公场所，而以茶楼作为活动场所，交换信息，撮合成交，收取佣金。掮客对于活跃房地产市场、缓解市民住房紧张、促进住房商品流通起过一定的作用，但多数经营作风不正，投机取巧，又加上旧政府管理不严，放任自流，在一定程度上加剧了房地产市场的混乱。到这一时期，房地产经纪活动主要是由个人化的经纪人员来实施的，尚未形成独立的房地产经纪行业。

（二）中华人民共和国成立后房地产经纪行业发展概况

中华人民共和国成立初期，民间的房地产经纪活动仍较为活跃。在 20 世纪 50 年代初，政府加强了对经纪人员的管理，采取淘汰、取缔、改造、利用以及惩办投机等手段，整治了当时的房地产经纪业。至 1978 年改革开放前这段时期，由于住房作为"福利品"由国家投资建设和分配，整个社会的房地产资源配置并不是通过市场交易，房地产经纪活动基本上消失了。

改革开放为中国内地的房地产经纪业提供了孕育、生长的土壤。随着房地产市场的恢复、活跃和发展壮大，以及境外房地产经纪机构和运作经验的植入，房地产经纪业也开始复兴，并得到了快速发展。这一时期中国内地房地产经纪业的发展可以分为以下几个阶段。

1. 复苏阶段（1978—1992 年）

我国房地产经纪业复苏是以城镇住房制度改革和房地产市场兴起为背景，以房地产权属登记为条件，以落实私房政策为契机而展开的。20 世纪 80 年代，为解决住房短缺和建设资金不足等问题，国家逐步推行城镇土地使用制度和住房制度改革，陆续出台了城镇国有土地有偿使用、城市建设综合开发、个人建房、房地产市场培育等一系列发展房地产业的政策。1983 年，国务院发布了《城市私有房屋管理条例》，规定了房屋产权登记制度。这在客观上激活了房地产市场，也为房地产经纪活动的再现创造了契机。这个时期的房地产经纪服务主体大致分三类：第一类是 1985 年前后，由各地房地产行政主管部门设立的事业单位性质的换房站、房地产交易所、房地产交易中心或房地产交易市场（1998 年统称为"房地产交易所"）这类官办官营的机构，承担着市场管理与房产交易服务功能。第二类是经工商行政管理部门核准、登记成立的房地产经纪企业。1991 年深圳的房地产经纪公司发展到 11 家。90 年代前后，上海也出现了少量房地产经纪企业。第三类是社会上隐蔽从事房产经纪活动的闲散人员。他们成分复杂，有房地产管理部门的离休、退休、退职、停薪留职人员以及城镇无业人员，他们掌握了一些房产信息，比较了解房产交易的程序，但整体素质不高，多被蔑称为"房纤手""房虫""房蚂蚁""捐客"等。复苏时期的房地产经纪呈现规则缺失、行为不规范、组织松散、整体服务水平低的特点。房地产经纪服务主体成分庞杂，严格地说还算不上是一个独立的行业，但私营性质的房地产经纪企业已经出现，昭示了房地产经纪业发展的方向。

20 世纪 80 年代中期，各地开始设立房地产交易所（或房地产交易中心）。房地产交易所是房地产行政管理部门直属的事业单位，既是办理交易手续、权属登记的部门，又是法定的房地产经纪服务提供部门。建设行政主管部门（房地产行政主管部门）对房地产经纪行业的管理，隐含或包含在对房地产交易所的管理之中。

2. 初步发展阶段（1992—2001 年）

这个时期，房地产经纪行业发展呈现出以下特点：

（1）建立房地产经纪行业基本制度。1992 年邓小平南方谈话，推进了我国社会主义市场经济发展的进程。1992 年国务院发布《关于发展房地产业若干问题的通知》（国发〔1992〕61 号），明确要求建立和培育完善的房地产市场体系，建立房地产交易的中介服务代理机构、房地产价格评估机构和对市场纠纷的仲裁机构等，这确立了房地产经纪行业市场化发展的道路。1994 年《城市房地产管理法》出台，确定了房地产经纪机构的设立条件，房地产经纪活动的合法地位得到确立。自此，房地产经纪行业走上了市场化发展的正确道路。1995 年 7 月 17 日，国家计委、建设部联合下发《关于房地产中介服务收费的通知》，制定了全国统一的房地产经纪服务收费标准。1996 年 1 月 8 日《城市房地产中介服务管理规定》发布，明确规定从事房地产经纪的机构，必须有规定数量的房地产经纪人。房地产经纪地位合法化，开始得到正面的规范和管理。房地产经纪发展较早的城市陆续出台专门针对房地产经纪管理的地方规章，到 2001 年，全国二十多个省市都相继发布了专门针对房地产经纪的地方规定。

（2）房地产经纪业务范围不断扩大，机构数量快速增长。1998 年停止住房实物分配之后，城镇居民长期压抑的住房需求得到释放，再加上住房公积金和商业性住房金融的支持，面向存量房市场的房地产经纪服务也迅速兴起，房地产经纪机构大量成立。我国房地产经纪机构的业务由发展初期的以新建房销售代理为主，从单一的营销策划发展到市场调研、产权调查、价格评估、金融按揭、法律咨询以及代办产权登记、公证、保险、抵押等各种手续的全过程经纪服务，一些成立较早的经纪机构开始涉足存量房经纪业务。据不完全统计，2000 年，全国房地产经纪机构达 2.5 万家。我国港台房地产经纪企业进入内地，1994 年开始，先后有台湾信义房屋、台湾太平洋房屋、香港中原地产等港台房地产经纪企业进驻上海、北京等地。2001 年，美国 21 世纪不动产公司（北京埃菲特国际特许经营咨询服务有限公司）进入北京。这些企业的涌入，推动了中国内地房地产市场和房地产经纪行业的发展。

（3）部分地区开始实行房地产经纪人资格考试制度。1994 年，深圳市、上海市开始实行房地产经纪人资格培训、考核制度。1996 年，北京市也开始实施资质证书制度。上海市 1996 年有 6300 多人获得"房地产经纪人员资格证"，1998 年持证人数增至10518 人。北京市 1996 年设立经纪人考试制度，当年通过考试的有 241 人，以后逐年上升，到 2001 年，已有 6067 人取得房地产经纪人资格。据统计，2001 年全国房地产经纪从业人员有 20 多万人。

（4）我国房地产经纪行业组织开始出现。广州中介产业经纪人协会成立于 1995 年

6 月，是最早的中介经纪人协会之一，其房地产代理专业委员会就是广州市的房地产经纪行业组织。深圳市中介服务行业协会成立于 1995 年 10 月 4 日，负责房地产经纪行业的自律工作。1996 年 12 月，上海市房地产经纪行业协会的前身——上海市房地产经纪人协会成立。

3. 快速发展阶段（2001 年至今）

2001 年之后，房地产需求两旺，存量房市场兴起，房屋买卖、房屋租赁市场全面繁荣。房地产经纪行业进入快速发展时期，个人成为住宅市场需求的主体，商品房销售稳步增加，存量房市场升温。这个时期，房地产经纪行业发展呈现出以下特点：

（1）建立全国房地产经纪人员职业资格制度。2001 年 12 月 18 日，人事部、建设部联合颁发了《房地产经纪人员职业资格制度暂行规定》（人发〔2001〕128 号），决定对房地产经纪人员实行职业资格制度，纳入全国专业技术人员职业资格制度统一规划。2015 年 6 月，人力资源社会保障部、住房城乡建设部印发《房地产经纪专业人员职业资格制度暂行规定》和《房地产经纪专业人员职业资格考试实施办法》的通知（人社部发〔2015〕47 号），房地产经纪人员职业资格被确定为国家水平评价类职业资格。从 2015 年起，通过全部应试科目的人员，由中国房地产估价师与房地产经纪人学会颁发人力资源社会保障部、住房城乡建设部监制，中国房地产估价师与房地产经纪人学会用印的"中华人民共和国房地产经纪专业人员职业资格证书"，取得的资格可作为聘任经济系列相应专业技术职务的依据。

（2）建立健全房地产经纪行为规范。2006 年 10 月 31 日，中国房地产估价师与房地产经纪人学会发布了《房地产经纪职业规则》和房屋出售委托协议、房屋出租委托协议、房屋承购委托协议和房屋承租委托协议等一系列示范合同文本。2011 年 4 月 1 日，由住房和城乡建设部、国家发展和改革委员会、人力资源和社会保障部共同发布的《房地产经纪管理办法》正式实施，这是整个房地产经纪行业发展多年以后第一部专门的房地产经纪行业管理法规，经纪公司在操作业务时有明确的统一标准，监督责任部门明确，经纪行业的规范框架有了突破性的进展。《房地产经纪管理办法》中对交易资金监管经纪从业人员要求、资金监管等再次做了重申，同时也对构建统一的房地产经纪网上管理和服务平台、基本合同签订等提出了新举措。

（3）建立房地产交易资金监管制度。2006 年 12 月 29 日，建设部、中国人民银行联合发布《关于加强房地产经纪管理，规范交易结算资金账户管理有关问题的通知》（建住房〔2006〕321 号），要求通过房地产经纪机构或交易保证机构划转交易结算资金的，房地产经纪机构或交易保证机构必须在银行开立交易结算资金专用存款账户，账户名称为房地产经纪机构或交易保证机构名称后加"客户交易结算资金"字样，该专用存款账户专门用于存量房交易结算资金的存储和支付。房地产经纪机构和交易保证机构应在银行按房产的买方分别建立子账户。交易结算资金的存储和划转均应通过交易结算资金专用存款账户进行，房地产经纪机构、交易保证机构和房地产经纪人员不得通过客户交易结算资金专用存款账户以外的其他银行结算账户代收代付交易资金。客户交易结算资金专用存款账户不得支取现金。

（4）开通房地产经纪信用档案。2002 年 8 月 20 日，建设部发布了《关于建立房地产企业及执（从）业人员信用档案系统的通知》（建住房函〔2002〕192 号），2006 年 10 月 31 日，中国房地产估价师与房地产经纪人学会开通了房地产经纪信用档案。

（5）建立全国房地产经纪行业组织。2004 年 6 月 29 日，建设部发布了《关于改变房地产经纪人职业资格注册管理方式有关问题的通知》（建办住房〔2004〕43 号），将房地产经纪人职业资格注册工作转交中国房地产估价师学会。2004 年 7 月 12 日，经民政部批准，中国房地产估价师学会更名为中国房地产估价师与房地产经纪人学会，成为唯一的全国性的房地产经纪行业组织。

快速发展时期的房地产经纪行业呈现问题与成绩并存的特点。房地产经纪服务向纵深发展，作用不可替代。房地产经纪人员的专业服务已经从提供交易信息、居间撮合，扩展到顾问咨询、协助签约、贷款手续和产权手续代办、房屋查验、装修咨询以及新建商品房的前期筹划、营销策划、销售代理等领域，通过房地产经纪服务完成的存量房交易比重不断提高。一些房地产经纪机构陆续在国内外资本市场上市，这表明一批盈利能力强、综合实力雄厚的经纪机构正在升格为公众企业。

在快速发展的同时，由于缺少经验、盲目追求速度，行业内出现了诸如广告欺诈、非法赚取差价等违法违规行为，甚至发生了房地产经纪机构卷款潜逃等恶性案件。此外，房地产经纪人员还存在素质不高、持证人数比例低、从业时间短、人员流动频繁等弊端。

二、房地产经纪行业的地位

房地产经纪作为一种经纪活动，首先具有经纪活动的一般作用，如传播经济信息、加速商品流通、优化资源配置、推动市场规范完善、促进社会经济发展等。同时，房地产经纪作为一种专业经纪活动，还要受房地产市场自身特性的影响，具有自己独特的功能定位。

（一）促进房地产交易规范、安全、高效进行

房地产是一种价值量大的特殊商品，交易环节多，交易手续复杂。房地产经纪活动能促进房地产交易规范、安全、高效进行。首先，房地产经纪人凭借其职业道德和专业知识与经验，能为委托人提供交易各环节的全程服务，是房地产市场规范运作的维护者。其次，房地产经纪"居间中保"的作用，能最大限度地保障房地产交易安全。最

后，房地产经纪人通过提供专业化服务使当事人减少顾虑，较快促成交易，提高了市场交易效率。房地产经纪活动的这一基本功能在实践中得到了市场的认可。中国房地产估价师和房地产经纪人学会与多家机构联合发起的"房地产经纪行业 10 周年信用调查"结果显示，约有 80% 的受访者基于交易的便捷性、有效性和安全性等角度考虑，表示愿意在二手房交易过程中选择房地产经纪人为其服务。

（二）促进房地产开发投资科学进行

完整的房地产开发投资价值链包括从前期土地获取到后期物业服务的多个环节，贯穿了房地产一、二、三级市场，而房地产经纪企业的服务领域基本覆盖到价值链每个环节。在土地供应阶段，为地方政府或土地运营机构提供政策建议、土地规划建议、经济评价、土地出让策略等顾问服务，帮助地方政府和土地运营机构科学规划土地用途，有序实施土地出让，实现资源有效配置；在项目开发阶段，为开发商提供城市进入战略、土地评估及竞投策略、项目可行性评估、项目定位等顾问服务。2008 年，有房地产经纪企业参与房地产营销代理的项目占据商品房总量的 47%，万科、恒大、保利和金地等开发企业项目代理比例逾 70%。房地产经纪企业发挥其专业优势，在促进房地产开发投资科学方面发挥着日益重要的作用。

另外，房地产经纪企业为开展业务需要而开发的信息化产品，如 CRIC 中国房地产决策咨询系统、中原领先指数 CLI、世联 RVS 全国房地产动态监测系统等，有助于完善房地产市场的信息披露机制、增加房地产供应和销售环节信息的透明度、引导开发企业理性投资和消费者理性消费。

（三）为社会提供新型就业岗位，促进现代服务业发展

国际经济发展经验表明，人均 GDP 超过 1000 美元后，随着制造业生产技术的提高，生产规模扩大到一定程度就会降低吸纳就业的能力。而这一阶段，现代服务业发展壮大，成为吸纳就业的上升期，并逐渐成为社会就业的主渠道。逐渐由劳动密集型向知识密集型、技术密集型转变的房地产经纪行业成为现代服务业的一个重要组成部分。例如，以存量房交易为主的美国，房地产经纪人比例已占城市人口的 5%。我国房地产经纪人员中高学历人才的比例近年来逐渐提高，部分品牌经纪企业本科以上学历员工比例已超过 50%。截至 2015 年，在取得全国房地产经纪人职业资格的 5.3 万人中，有 80%的人是大学以上学历。房地产经纪行业在提供新型就业岗位、解决大学生就业方面发挥日益重要的作用，并进一步促进了现代服务业的发展。

三、房地产经纪行业发展趋势和前景

（一）行业形象和地位将进一步提升

当前房地产经纪行业社会形象不佳有其特定的历史原因。早期房地产经纪业的社会功能极其单一，仅仅停留在最原始的信息配对、撮合成交的层面。从业者社会阶层低下，而且由于政府管理不严，放任自流，投机取巧、欺骗敲诈行为普遍存在，因此被冠以"掮客""房虫"等具有一定贬义色彩的称呼，这一传统形象在民众认知中根深蒂固。因此，房地产经纪行业社会形象的提升有赖于其社会功能的不断进化以及行业的自我完善。

从社会功能进化的角度讲，随着市场竞争的日益加剧，一部分品牌实力经纪企业正在引领房地产经纪行业逐步摆脱单一信息配对、撮合成交的功能定位，在促进房地产交易规范、安全、高效以及促进房地产开发投资科学，为社会提供新型就业岗位、促进现代服务业发展等各方面发挥着不可或缺的作用。

从行业的自我完善角度讲，对经纪机构和从业人员市场准入的规范将促使房地产经纪行业逐步实现优胜劣汰，将一批竞争力差、有损行业社会形象的不规范企业淘汰出局，同时全面提升从业人员素质水平。诚信体系建设与监管措施的逐步完善，将从制度上有效遏制违规行为。

（二）资本、信息、知识成为推动房地产经纪业发展的重要支柱

传统的房地产经纪业主要靠大量从事一线经纪业务的人力资源和少数精英类的专业人士（营销策划高手、销售高手等）来运作。然而，未来三到五年，将有更多的产业资本流入房地产经纪业，资本推动下的房地产经纪业务运营的信息化将更趋加速。房地产经纪业的生产要素、业务类型的转型、新型业态的形成，行业整体的产业升级，无一不是在这两大因素的作用下进行的。随着信息技术的发展、网络的普及，人们获取信息越来越便捷，这将促使房地产经纪人向依靠自身的专业知识为客户提供增值服务方向转变。在未来，一个合格的房地产经纪人应当对与房地产有关的经济、金融、法律、建筑等多方面的知识有全面的了解，并且在一个或几个方面有特别的专长。这也会大大提高房地产经纪业的知识和技术密集程度，逐步完成由劳动密集型向知识密集型和技术密集型转变。

（三）房地产经纪服务方式不断改进，经纪服务效率和质量进一步提高

目前我国在存量房租售业务中，被房地产经纪企业广泛采用的居间模式是一种缺乏公平性、不能实现客户利益最大化的经纪方式，从根本上制约着房地产经纪行业服务水

平的提高。发达国家和地区经验表明，居间作为行业发展早期存在的一种相对落后的经纪方式，势必要逐渐完成向法律关系更加简单明确的代理模式的转变。从长远来看，随着我国房地产经纪行业的发展、市场行为的不断规范，人们的消费行为逐渐趋于理性、法律意识和服务消费意识不断进步，代理方式将是未来房地产经纪服务的必然趋势。

当然，这种转变并不是由市场自发完成的，以美国为例，20世纪二三十年代，美国的房地产中介委员会组织意识到中介市场的发展来源于集成的信息和契约的排他性代理，放任自流只会导致恶性竞争和低效率。于是委员会开始充当协调和监督机构，成立同业联盟，建立信息共享系统。在信息集成与共享的机制下，以独家代理为主流的代理模式成为经纪企业的必然选择。我国目前存量房市场以居间为主的经纪方式的形成是房地产经纪行业长期处于无监管和协调的自由竞争下，中介个人理性的自然产物。随着我国房地产经纪行业管理（尤其是行业自律管理）的不断完善和强化，行业组织也将逐步实现房地产经纪信息共享和有效集成，我国房地产经纪方式也将不断进化，服务效率和质量不断提升。

（四）运营模式不断创新，业务逐渐由传统经纪业务向现代经纪业务转变

在我国房地产经纪行业的发展过程中，房地产经纪企业不断在运营模式和业务扩展方面寻求创新和突破。营销代理特许加盟模式、独立经纪人、网上中介等新型经纪模式不断涌现，改变了人们对房地产经纪行业的传统认知，同时也引发行业深层次的变革。逐步突破二、三级市场的传统隔阂，发挥一、二手联动优势，同时广泛涉足咨询顾问、信息服务、资产管理、按揭服务等非传统房地产经纪业务，通过业务创新和扩展分散企业经营风险，增加新的利润来源，促进产业链的延伸与整合。未来的房地产经纪业将更多地拓展到种类多的商业房地产领域，大量涉猎写字楼、商铺、购物中心、仓储和工业房地产市场，不仅为金融、商业、物流、制造业等企业提供房地产租赁、购置交易过程的代理，还要为具体的对象企业提供房地产使用成本测算、房地产使用方案筹划等咨询服务。

可以预见，伴随我国房地产经纪行业不断走向成熟，运营模式创新和业务创新将成为永恒的主题，是行业发展的内生源动力。

（五）以互联网为依托的新型房地产经纪业态将迅速发展

随着存量房信息发布的网络化，一些房地产专业网站和重要门户网站的房地产频道也为房地产经纪人提供了开设网上房地产经纪门店的平台，房地产经纪人可以在这些网站开设个性化的网上店铺，呈现自己的电子名片、房源信息，并通过店铺留言和网民实现沟通。有些网站还为房地产经纪人提供网上虚拟地盘，即赋予某个特定的经纪人某个特定区域的版主地位，由该经纪人负责对该区域的房源、区域环境等信息进行维护，同

时相应地授权该经纪人优先在该区域的版面上重点推介自己的房源。目前,许多购房人了解存量房市场的第一步就是浏览各大房地产专业网站和知名门户网站的房地产频道,因此网上门店已成为房地产经纪人获得客源的一个重要渠道。房源发布的信息化不仅大大提高了信息发布的速度、降低了信息发布的成本,还为客户提供了 24 小时全方位的信息获取平台。有些网站甚至在线提供房源的各类信息,包括经纪人对房源及其小区、周边环境的文字介绍、房型图、室内照片、小区照片与视频、周边街道的 360° 连续跟踪照片、地图、经纪人情况、小区业主(住户)对小区的评论等,并提供多种搜索、排序、筛选功能,大大方便了购房者。在网民数量快速上升的中国,这种以互联网为依托的新型房地产经纪业态具有不可估量的发展潜力,必将迅速发展。

(六)由传统服务业向现代服务业转变的产业升级将全面呈现

2000 年中央经济工作会议提出"既要改造和提高传统服务业,又要发展旅游、信息、会计、咨询、法律服务等新兴服务业"。"现代服务业"是指随着信息技术和知识经济的发展产生,用现代化的新技术、新业态和新服务方式改造传统服务业,创造需求,引导消费,向社会提供高附加值、高层次、知识型的生产服务和生活服务的服务业。

信息技术在房地产业中的运用已在不断深入,而房地产经纪企业介入房地产开发过程的前期,为开发商提供市场调查、投资咨询、产品定位、营销策划服务;一些主要从事办公楼经纪的公司,为使用办公楼的公司提供选址、场地布置策划、搬迁方案策划和管理等,也都表明房地产经纪业的生产服务内容在日益扩展。现代服务业的发展本质上来自社会进步、经济发展、社会分工的专业化等需求。房地产经纪业从传统服务业向现代服务业转变的趋势正是在这一大形势下的必然趋势。

房地产经纪业向现代服务业的转型,特别是在这一过程中房地产经纪业技术、知识密集程度的提高,使得房地产经纪业的规模经济更为明显。规模化房地产经纪企业必须具有雄厚的资金以及与之相匹配的现代企业制度。从发达国家和地区的经验来看,一些房地产经纪业的龙头企业大多通过在资本市场上市,形成雄厚的资金实力和上市公司所必须具备的现代企业制度。因此,建立现代企业制度将成为房地产经纪业中龙头企业的发展之本。

四、房地产经纪行业管理

(一)房地产经纪职业规范概述

1. 房地产经纪职业规范的概念

房地产经纪活动的主体包括房地产经纪机构和房地产经纪人员,所以说房地产经纪行业规范应当是房地产经纪机构和房地产经纪人员的职业规范，其概念表述为：由房地产行业组织制定或认可的，调整房地产经纪机构、人员与客户之间，房地产经纪机构、人员与社会之间以及房地产经纪同行之间关系的职业道德和行为规范总和，房地产经纪职业规范是房地产经纪机构和人员从事房地产经纪活动必须遵守的，这主要依靠房地产经纪从业人员的信念、习惯及行业自律来自觉遵守，当然也靠社会的舆论力量和职业教育来维持。

房地产经纪职业规范也是调整房地产经纪机构及其人员与委托人、交易当事人、同行及社会各界关系的准则，主要是房地产经纪机构及人员应当承担的义务和责任。房地产经纪职业规范的适用对象包括房地产经纪机构和房地产经纪人员。就房地产效力而言，法律法规的法律效力高于职业规范。如果职业规范与现代法律法规存在冲突，则以法律法规为准。

2. 房地产经纪职业规范的作用

房地产经纪职业规范的作用，就是告诉从事房地产经纪活动的人员和机构应该做什么，不应该做什么，应该怎样做和不应该怎样做。房地产经纪职业规范的具体作用主要表现在以下几个方面：

（1）规范房地产经纪行为，提高房地产经纪服务水平。职业规范是衡量房地产经纪水平高低的标尺。新成立的房地产经纪机构应依据职业规范制定内部的业务管理制度。新入职的房地产经纪人员通过学习职业规范了解房地产经纪工作的操作规则；有工作经验的房地产经纪人员通过学习职业规范修正职业行为，从而有效地提高房地产经纪服务水平。

（2）协调房地产经纪同行及同业的关系，维护行业的整体利益。作为行规，房地产经纪职业规范可以调整同行间的竞争合作关系，防止同行的不正当竞争，处理业内纠纷。如果房地产经纪行业缺少处理同业关系的规范和机制，必然会出现竞相压价、相互诋毁的恶性竞争局面，使整个行业陷入混乱无序的状态，行业整体利益必然受到损害，交易当事人的合法权益也难以得到保障。有了职业规范，调整业内关系就有了准绳，房地产经纪机构之间关系和谐，房地产经纪人员之间关系和谐，整个房地产经纪行业也就能和谐发展。

（3）促进自律管理，有利于实现房地产经纪行业的健康持续发展。房地产经纪职业规范一般由房地产经纪行业组织制定和发布，推行和落实职业规范是房地产经纪行业组织进行自律管理的有效手段。在美国等房地产经纪业成熟的国家，房地产经纪行业实行"人必归业，业必归会"，房地产经纪行业组织对职业会员进行管理的重要依据就是房地产经纪职业规范。通过行业自律实现行业自治，不仅管理成本低而且管理效果好，有利于房地产经纪行业实现健康持续发展。同时，房地产经纪职业规范还是评判房地产经纪机构和人员的职业行为是否符合要求的标准，也可作为对违规房地产经纪人员和房地产经纪机构进行处分的依据。

（二）房地产经纪职业规范的主要内容及禁止行为

1. 业务招揽规范

（1）一般规定。房地产经纪业务招揽是指房地产经纪机构为获得委托或者推广代理销售房屋，安排房地产经纪人员搜索和发布授权的房源客源，以及进行广告宣传的行为。按照业务分类，业务招揽可以分为存量房产交易经纪业务的招揽和新建商品房销售代理业务的招揽。

在业务招揽的过程中，不得虚假宣传，不得夸大自己的业务能力，不得为招揽业务而诋毁、诽谤其他房地产经纪机构和人员信誉、声誉等。不得招揽已经提出免中介或者已有其他中介独家代理的房地产经纪业务，但可以招揽与其他经纪结构提供不同服务的客户，如与已经和其他机构订立经纪业务服务合同的客户联系，招揽贷款代办或者登记代办服务。房地产经纪机构和人员为了招揽房屋出售、出租经纪业务，不得用能卖（租）高价等借口故意误导出售人（出租人）；房地产经纪机构和人员为了招揽房屋承购，承租经纪业务，不得捏造散布涨价信息，以及可以为客户省钱等借口故意误导承购人或承租人。

（2）发布房源信息或者房地产广告。承办房屋出售，出租经纪业务的，房地产经纪机构应当与委托人签订房地产经纪服务合同，并经委托人书面同意后，方可以对外发布相应的房源信息或广告。房地产经纪机构发布所代理的新建商品房项目广告时，应当提供委托证明。房源信息或者房地产信息必须真实、合法，不得欺骗和误导群众，特别是对于能否实地查看待售的房屋，房地产经纪人员应当在房源广告中据实披露，不得进行虚假宣传。

2. 业务承接范围

房地产经济业务应当由房地产经纪机构统一承接，分支机构应当以设立该分支机构的房地产经纪机构的名义承接业务。房地产经纪人员不得以个人名义承接房地产经纪业务。

房地产经纪机构承接业务和房地产经纪人员承办业务，必须符合其所从事业务的执行标准和能力。具体而言，如房地产价格咨询服务，就应当具备房地产估价专业的胜任能力，遵循房地产估价规范，不得承接超出专业能力以外的业务，除非有对房地产服务能胜任的专业机构或人士协助。

（1）重要信息告知。房地产经纪机构承接业务时，在签订房地产经纪服务合同前，应当向委托人说明房地产经纪服务合同和房屋买卖合同或者房屋租赁合同的相关内容，并书面告知下列事项：

①是否与委托房屋有利害关系；

②应由委托人协助的事宜，提供的资料；

③委托房屋的市场参考价格；

④房屋交易的一般程序及可能存在的风险；

⑤房屋交易涉及的税费；

⑥经纪服务的内容及完成标准；

⑦经纪服务收费标准和支付时间；

⑧其他需要告知的事项。

（2）房地产经纪服务合同的签订。房地产经纪机构承接经纪业务，应与当事人签订书面房地产经纪服务合同，并应尊重委托人的选择，优先选用房地产管理部门或房地产经纪行业制定的或者推荐使用的房地产经纪服务合同示范文本。

房地产经纪服务合同应当包括下列主要内容：

①房地产经纪服务双方当事人的姓名（名称）、住所等情况和从事业务的房地产经纪人员情况；

②房地产经纪服务的项目、内容，要求以及完成的标准；

③服务费用及其支付方式；

④合同当事人的权利和义务；

⑤违约责任和纠纷解决方式。

（3）业务联合承接及转让委托。房地产经纪机构之间有时共同承接某些业务，发生业务上的合作关系是不可避免的。经委托人书面同意，房地产经纪机构之间可以合作完成一项房地产经纪业务。合作的机构之间应当合理分工、明确职责、密切协作，意见不一致时应当及时通知委托人协商决定。房地产经纪机构对合作完成的经纪业务承担连带责任，禁止以转让业务为名规避委托人应当承担的责任。

房地产经纪机构不得擅自转让或者变相转让受托的经纪业务，但是经委托人同意，房地产经纪机构可以按相关规定转让经纪业务，转让经纪业务不得增加佣金。

房地产经纪机构未与委托人签订独家房地产经纪服务合同的，不得阻挠或者拒绝委托人再委托其他房地产经纪机构参与同一交易的经纪服务。签订独家房地产经纪服务合同的，在合同约定的委托期间，委托人也不得就同一事物另行委托其他房地产经纪机构。委托人违反前款规定擅自另行委托的，应承担违约责任。

3. 业务办理规范

（1）安排办理人员。房地产经纪机构承接业务后，应当根据业务性质委派具备相应素质和能力的房地产经纪人直接办理或者牵头办理。

每宗房地产经纪业务都应当由注册本机构的房地产经纪人为承办人，并在房地产经纪服务合同中载明。承办的房地产经纪人可以选派注册在本机构的房地产经纪人协理为经纪业务的协办人，协助执行业务。承办人对协理人执行经纪业务进行指导和监督，并对其工作结果负责。

（2）及时报告订约机会等信息。房地产经纪机构和房地产经纪人员作为买方（或者承租方）代理人时，必须在首次与卖方（或者出租方）接触时将与购买人（或者承租人）的关系告诉卖方（或者出租方），在签订交易合同前，将此告知以书面确认的方式告诉卖方（或者出租方），担任卖方代理人时亦然。

（3）撮合交易。在当事人对交易房屋满意的情况下，撮合交易的过程就是房地产经纪人员代替委托人讨价还价的过程。房地产经纪人员在执行代理业务时，在合法、诚信的前提下，应当维护委托人的最大利益；在执行居间业务时，应当公平正直，不偏袒任何一方。当事人双方达成交易意向后，房地产经纪人员应当协助委托人订立房地产交易合同。

房地产经纪人员应当告知当事人优先选用政府部门或者行业组织推荐使用的示范合同文本，并协助委托人逐条解读合同条款、办理房地产交易合同网上签订或者合同备案等手续。房地产经纪机构和房地产经纪人员不得迎合委托人，为规避房屋交易税费等非法目的，协助当事人做同一房屋签订不同交易款价的"阴阳合同"。

（4）交易资金监管。房地产经纪机构、房地产经纪人员应当严格遵守房地产交易资产监管规定，保障房地产交易资金安全，不得挪用、占用或者拖延支付客户的房地产交易资金。

房地产交易当事人约定由房地产经纪机构代收代付交易资金的，应当通过房地产经纪机构在银行开设的客户交易结算资金专用存款账户划转交易资金。交易资金的划转应当经过房地产交易资金支付方和房地产经纪机构的签字和盖章。

4. 服务收费规范

房地产经纪服务实行明码标价制度，不得收取任何未标明的费用。服务报酬由房地产经纪机构按照约定向委托人统一收取，并开具合法票据。房地产经纪人员不得以个人名义收取任何费用。房地产经纪机构收取佣金不得违反国家法律法规，不得赚取差价及谋取合同约定以外的非法收益；不利用虚假信息骗取中介费、服务费、看房费等费用。对于单位代理的房地产经纪业务，房地产经纪人员有义务向交易相对人或者交易相对人代理披露佣金的安排。

房地产经纪机构未完成房地产经纪服务合同约定的事项，或者服务未达到房地产经纪服务合同约定标准的，不得收取佣金。房地产经纪机构从事经纪活动支出的必要费用，可以按照房地产经纪服务合同约定要求委托人支付；房地产经纪服务合同约定的，不得要求委托人支付。

经委托人同意，两个或者两个以上房地产经纪机构对同一房地产经纪业务开展合作的，只能按一宗业务收费，不得向委托人增加收费。合作完成机构应当根据合同约定分配佣金。

有下列行为之一的，由县级以上人民政府价格主管部门按照价格法律、法规和规章的规定，责令改正、没收违法所得、依法处以罚款，情节严重的，依法给予停业整顿等行政处罚。

(1) 房地产经纪服务未实行明码标价，未在经营场所醒目位置标明房地产经纪服务项目、服务内容、收费标准以及相关房地产价格和信息的。

(2) 房地产经纪机构收取未予以标明的费用的。

(3) 房地产经纪机构利用虚假标价，或者通过混合标价、捆绑标价等使人误解的标价内容和标价方式进行价格欺诈的。

(4) 对交易当事人隐瞒真实的房屋交易信息，低价收进高价卖（租）出房屋赚取差价构成价格违法行为的。

(5) 房地产经纪机构未完成房地产经纪服务合同约定事项，或者服务未达到房地产经纪服务合同约定标准而收取佣金的。

(6) 两家或者两家以上的房地产经纪机构合作开展同一宗房地产业务，未按照一宗业务收取佣金，或者向委托人增加收费的。

5. 资料签署和保存规范

(1) 重要文书签字（章）。为将经纪服务合同责任落实到每一个房地产经纪人员，增强承办房地产经纪人员的责任心，切实保护委托人的利益，房地产经纪服务合同、房屋状况说明书和书面告知材料等重要文件应当由房地产经纪机构授权的注册房地产经纪人员签名，并在文书上注明房地产经纪人员的注册号。

(2) 业务记录。房地产经纪机构应当建立和健全业务记录制度，执行业务的房地产经纪人员应当全程如实记录业务执行情况及发生的费用等，形成业务记录。

(3) 资料保管。房地产经纪机构应当妥善保管房地产经纪服务合同、房屋买卖合同或房屋租赁合同、委托人提供的资料、业务记录、业务交接单据、原始凭证等与房地产经纪业务有关资料、文件和物品，严禁伪造、涂改交易文件和凭证。房地产经纪服务合同的保存期不少于 5 年。

6. 信息保密规范

房地产经纪机构和人员应当保守在从事房地产经纪活动中知悉的委托人、交易相对人和其他人不愿透露的情况、信息及商业秘密。但是，两种情况除外：一是委托人或者其他人准备或者正在实施的危害国家安全、公共安全以及其他严重危害他人人身、财产安全的犯罪事实和信息除外；二是法院或政府有关部门要求协助提供相关信息时除外。

房地产经纪机构和房地产经纪人员不得不当使用委托人的个人信息或者商业秘密，谋取不正当利益。现实房地产交易中，交易当事人向房地产经纪机构提供个人信息，日积月累，房地产经纪机构会掌握大量的客户信息。一般在购房之后，房主还会进行装修装饰、购置家具家电等一些后续投资，掌握在房地产经纪机构手里的客户信息就有一定的经济价值。这种情况下，房地产经纪机构及人员一定要抵制诱惑，遵守职业道德，不泄露客户信息，更不要利用委托人的个人信息或者资料谋取不正当利益。

7. 处理与同行关系的行为规范

（1）同行及同业间的尊重与合作。房地产经纪机构和人员应该共同遵守经纪服务市场及经纪行业公认的行业准则，从维护行业形象及合法利益的角度出发，互相尊重、公平竞争，不能进行房地产经纪机构之间或房地产经纪人员之间的优劣比较宣传，严禁在公众场合及媒体上发表贬低、诋毁、损害同行声誉的言论。

房地产经纪同行及同业应当开展合作，除非同行合作不符合委托人的最佳利益。两个或两个以上房地产经纪机构就同一房地产交易提供经纪服务时，房地产经纪机构之间和房地产经纪人员之间应当合理分工、明确职责、密切协作，意见不一致时应当及时通知委托人协商决定。通常，同行之间合作应当分享佣金、共担费用，合同的邀约一方在发布房源时应当注明是否接受合作，接受合作的必须清楚标明合作的条件。房地产经纪机构对合作完成的经纪业务承担连带责任。

（2）禁止不正当竞争。房地产经纪行业不正当竞争行为是指房地产经纪机构和人员为了承揽经纪业务，违反自愿、平等、诚实、信用原则和房地产经纪职业规范，违反房地产经纪服务市场及房地产经纪行业公认的行业准则，采用不正当手段与同行进行行业业务竞争，损害其他房地产经纪机构及人员合法权益的行为。房地产经纪行业的不正当竞争主要依据《中华人民共和国反不正当竞争法》调整。

房地产经纪机构和人员在与委托人及其他人员的接触中，不得采用下列不正当手段与同行进行业务竞争：

①恶意诋毁、诽谤其他房地产经纪机构和人员的信誉、声誉，散布、传播关于同行的错误信息；

②无正当理由、以低于国家规定收费标准或在同行业收费水平以下收费为条件吸引客户，或采用商业贿赂的方式争揽业务；

③房地产经纪人员与所受聘的房地产经纪机构解除劳动关系后，诱劝原受聘房地产经纪机构的客户，以取得业务；

④故意在委托人与其他房地产经纪机构和人员之间设置障碍，制造纠纷。

8. 处理与社会关系的行为规范

（1）禁止社会公众、扰乱市场秩序。

①房地产经纪机构和人员不得捏造散布涨价信息，或与房地产开发经营单位串通捂盘惜售、炒卖房号，操纵市场价格；

②房地产经纪机构公开发布房地产市场报告，应当真实、客观、翔实，不得误导社会公众；

③房地产经纪人员应当珍视和维护职业声誉，在网络、电视、报纸等媒体上发表专业观点时，应当表明房地产经纪专业人士的身份。

（2）配合监督检查。房地产经纪机构及人员接受司法机关、行政主管部门及相关部门监督检查时，被检查的房地产机构和房地产经纪人员应当予以配合，并根据要求提供检查所需的资料。

（3）社会责任。房地产经纪机构及人员应充分认识到自己是社会的一员，作为企业（公民），理应承担自己的社会责任。

（三）房地产经纪监督管理

1. 我国房地产经纪行业行政监管

房地产经纪活动监督管理部门主要涉及建设（房地产）、价格、人力资源和社会保障等部门。三个部门按照职责分工监督管理房地产经纪活动。《房地产经纪管理办法》规定，县级以上人民政府建设（房地产）主管部门、价格主管部门、人力资源和社会保障主管部门应当按照职责分工，分别负责房地产经纪活动的监督和监管。

建设（房地产）管理部门是房地产经纪活动监督管理的主要部门，其职责包括制定行业管理制度、受理备案、对行业进行监督检查等。近年来，住房和城乡建设部对房地产经纪行业管理不断加强，建立了以房地产经纪机构备案、房地产交易合同网上签约、房地产交易资金监管为主要内容的总和管理体系。

人力资源和社会保障主管部门承当房地产经纪机构和房地产经纪人员劳动合同、社会保障关系的监督管理，承担完善职业资格制度，拟订专业技术人员资格管理政策等职能。

工商行政管理部门承担依法确认各类经营者的主体资格，监督管理或参与监督管理各类市场，依法规范市场交易行为，保护公平竞争，查出经纪违法行为，取缔非法经营，保护正常的市场经济秩序。

2. 房地产经纪行业自律

自律管理是行业管理的重要组成部分，行业组织是联系政府和企事业单位之间的桥梁和纽带。《房地产经纪管理办法》规定，房地产经纪行业组织应当按照章程实行自律管理，向有关部门反映行业发展的意见和建议，促进房地产经纪行业发展和人员素质提高。

（1）全国性房地产经纪行业组织。2004 年，经建设部统一、民政部批准，成立于1994 年的中国房地产估价师学会更名为中国房地产估价师与房地产经纪人学会，建立了全国性房地产经纪行业组织。中国房地产估价师与房地产经纪人学会的职责包括：①开展行业研究、交流和考察活动；②拟订并推行职业规则；③开展业务培训；④提供业务咨询和技术服务；⑤开展国家交往活动，参加相关国际组织；⑥向政府有关部门反映会员的意见、建议和要求，维护会员的合法权益，支持会员依法职业；⑦办理法律、法规规定和行政主管部门委托或授权的工作等。

近年来，中国房地产估价师与房地产经纪人学会开展了一系列自律管理工作，发布了《房地产经纪职业规则》和《房地产经纪业务合同推荐文本》，开通了房地产经纪信用档案、开展了房地产经纪行业资信评价、发布了交易风险提示、通报了房地产经纪违法违规案件。目前初步形成了以房地产经纪专业人员职业资格制度为核心、以诚信建设和资信评价为基础，以案件通报和风险提示为手段，以规则制定、制度设计为引导的房地产经纪行业自律框架体系。

（2）地方性房地产经纪行业组织。地方性房地产经纪行业组织在地方房地产发展中起着重要的作用。一般来说，市场经济较为发达的地区，房地产经纪行业组织十分活跃。北京、上海、重庆、广州、深圳等城市都组建了房地产经纪行业自律组织。他们在组织、调动房地产经纪机构和房地产经纪专业人员的积极性、解决经纪工作中的一些技术性问题等方面，都发挥了非常重要的作用。

（四）我国房地产经纪行业监督方式和措施

1. 我国房地产经纪行业监管方式

我国房地产经纪行业监管的方式主要有现场巡查、合同抽查、投诉受理等。

（1）现场巡查。现场巡查是对房地产经纪机构的经营场所和日常经营活动进行日常的监督检查，是对房地产经纪活动进行全面监督管理最常用的方式。检查的重点主要是房地产经纪机构日常经营活动的规范性。通过现场巡查，既能真实、全面地了解房地产经纪机构和房地产经纪人员的日常经营活动，又能了解一定区域内房地产经纪的市场情况。

（2）合同抽查。合同抽查是抽查房地产经纪机构和房地产经纪人员从事房地产经纪活动所签订的各类合同，是对房地产经纪实体行为进行检查的最重要方式。抽查的合同包括房地产经纪服务合同、代办服务合同、房屋租赁合同、存量房买卖合同、新建商品房销售合同等，查看内容包括主合同条款、合同附件、合同对应发票存根、专用账户银行对账单及限购等政策要求所附资料。合同检查要与网上机构备案信息、业务记录、人员资格进行对比，具体检查方式有：

①有针对性检查。针对信访投诉、舆情监测、网上签约记录和租赁业务记录等信息来源所涉及的合同，要求经纪机构按对应合同编号进行提供。

②随机检查。在合同档案存放地，随机抽取五年内各类合同若干份。根据合同性质确定检查重点，租赁合同检查还要将《房地产经纪管理办法》与《商品房屋租赁管理办法》等有关房屋租赁规范性文件结合起来，作为执法检查的依据。检查点包括经纪机构代理资格、合同网上备案、经纪服务收费及资金划转方式，签订合同经纪人员资格，合同标的物是否符合出租（卖）条件及使用要求，存量房买卖网签合同与实际书面合同价款是否一致，是否按照规定的收费标准收取佣金，主合同条款及附件有无不合理及不公正要求，限购等调控政策所需求的资料是否真实、备齐。

（3）投诉受理。投诉受理是主管部门发现房地产经纪违规行为的有效途径，也是房地产交易当事人解决房地产经纪活动引发纠纷的常见方式。地方各级建设（房地产）主管部门、价格主管部门通常设置一些投诉通道，制定投诉受理程序，有的还会建立统一的投诉受理平台，保持畅通的投诉渠道，及时妥善解决投诉问题。

2. 我国房地产经纪行业监管措施

建设（房地产）主管部门、价格主管部门可以采取约谈、记入信用档案、媒体曝光等措施对房地产经纪机构和房地产经纪人员进行管理。

约谈是对存在违法行为的房地产经纪机构、房地产经纪人员进行谈话，告知其违法违规行为事实，听取其陈述、申辩，要求其予以改正，引以为戒。

记入信用档案是把监督管理过程中发现房地产经纪机构、房地产经纪人员的违法行为作为不良信用记录记入其信用档案，向社会公众曝光。

媒体曝光是指对经查证属实的房地产经纪机构、房地产经纪人员的违法违规行为通过媒体公示给社会大众。

约谈、记入信用档案、媒体曝光等是对房地产经纪违法违规行为处理的重要手段，是在行政处罚之外的有效监管手段，对于现场巡查、合同抽查、投诉受理等方式发现的违法违规问题，各项建设（房地产）主管部门、价格主管部门除采取责令改正、行政处罚等措施外，可综合运用约谈、记入信用档案、媒体曝光等措施对房地产经纪机构和房地产经纪人员进行监督。

第二章　房地产经纪业务开展前的准备工作

第一节　房地产和建筑基本知识

一、房地产基础知识

（一）房地产的相关概念

1. 房地产的概念

房地产即房屋和土地，或者房产和地产。严格意义上的房地产是一种不动产，是指土地以及建筑物等地上定着物，是实物、权益和区位的结合体。

房地产实物是指房地产中看得见、摸得着的有形部分，如土地的形状、地形、地势、土壤、地基、平整程度等，以及建筑物的外观、建筑结构、设施设备、装饰装修等。房地产权益是指房地产中无形的、不可触摸的部分，是基于房地产实物而衍生出来的权利、利益，如房屋所有权、宅基地使用权等。房地产区位是指一宗房地产与其他房地产在空间方位和距离上的关系，包括位置、交通、周围环境和景观、外部配套设施等。

2. 土地的概念

从房地产经济的角度看，土地是一个空间，该空间不是平面的而是立体的，具体是指地球的陆地表面及其一定范围内的空间。土地的地表范围是指该土地在地表上的"边界"所围合的区域。土地的地上空间范围是指从该土地的地表边界向上扩展到无限的空间，地下空间范围是指从土地的地表边界呈锥形向下延伸到地心的空间。

3. 建筑物的概念

建筑物是最主要的地上定着物，有广义和狭义两种含义。广义的建筑物既包括房屋也包括构筑物；狭义的建筑物主要指房屋，不包括构筑物。

房屋指有基础、墙、屋顶、门、窗，起着遮风避雨、保温隔热、抵御野兽或他人侵袭等作用，供人在里面居住、工作、学习、娱乐、储藏物品或进行其他活动的建筑物。

构筑物是指人们一般不直接在里面进行生产和生活活动的建筑物，如烟囱、水塔、水井、道路、桥梁、隧道、水坝等。

4. 其他地上定着物的概念

地上定着物也称土地定着物、土地附着物、地上附着物。

其他地上定着物是建筑物以外的地上定着物，是指附属于或结合于土地或建筑物，从而称为土地或建筑物的从属物，应在房地产交易中随着土地或建筑物的转让而转让的地上定着物，但当事人另有约定的除外。例如，为了提高土地或建筑物的使用价值或功能，埋设在地下的管线、设施，建造在地上的围墙、假山、水池，种植在地上的树木、花草等。仅仅是放进土地或建筑物中，置于土地或者建筑物的表面，或者与土地、建筑物毗邻者，如摆放在房屋内的家具、电器，挂在墙上的画，在地上临时搭建的帐篷、戏台等，不属于其他地上定着物。

（二）房地产的特性

房地产与其他经济物品在市场和价格等方面有许多不同之处，这些不同之处是由房地产的特性所决定的。

1. 不可移动性

不可移动性也称为位置固定性。房地产的不可移动性决定了房地产市场不是一个全国性的市场，更不是一个全球性的市场，而是一个地区性市场（一般一个城市是一个市场），其供求状况、价格水平及价格走势等都有地区性，在不同地区之间可能不同，甚至是反向的。

2. 独一无二性

独一无二性也称为独特性、异质性、非同质性、个别性。房地产的独一无二性，致使难以出现大量相同房地产的供给，从而不同房地产之间不能实现完全替代，房地产市场不能实现完全竞争。因此，房地产价格千差万别，容易受交易者个别因素的影响。

3. 耐久性

从自然寿命看，我国有关建筑物安全的规定，房屋建筑物按照结构的不同，其寿命年限及使用年限，或称为折旧年限分别为：钢结构 70 年、钢混结构 60 年、砖混结构 50 年、砖木结构 40 年、简易结构 10 年。从经济寿命看，国有建设用地使用权出让最高年限为居住用地 70 年，工业用地 50 年，教育、科技、文化、体育用地 50 年，商业、旅游、娱乐用地为 40 年，综合或者其他用地为 50 年。

4. 稀缺性

土地的有限性和不可再生性以及房地产的不可移动性，决定了房地产供给是有限的。要增加房地产供给额，有两条途径：一是将农用地、未利用地转化为建设用地，并开发为人类使用的房地产；二是在建设用地上增加建筑物高度、建筑密度和容积率等，但这些途径要受到交通等基础设施条件、环境、城市规划、建筑技术、资金等的约束。随着人类社会经济的发展，人们对土地的需求日益增多，但土地供应却是有限的，因而总体上看，房地产极具稀缺性。

5. 价值高、变现难

与一般物品相比，房地产不仅单价高，而且总价大。从单价来看，每平方米土地或每平方米建筑面积房屋的价格少则数千元，多则数万元甚至十几万元，繁华商业地段经常有"寸土寸金"之说。正是由于房地产的价值大，具有不可移动的特性，加上交易手续较复杂、交易税费较多等原因，使得其变现能力弱。

6. 用途多样性

多数土地就其本身来看，可以有多种不同的用途，如可用作林地、农用地、工业用地、居住用地、商业用地等，但现实中房地产的用途并不是可以随意决定的。房地产的利用一方面要符合城市规划等的规定，另外一方面存在着不同用途以及利用方式之间的竞争和优选问题。建筑物建成后，用途即被限定，通常难以改变，因为可能受到原有建筑结构等的限制而不能改变，或者改变的费用很高而在经济上不可行。

7. 相互影响性

房地产的利用通常会对周边的房地产产生影响，周围房地产的利用状况也会对该房地产产生影响，从而使房地产具有相互影响的特性。一宗房地产的价值不仅与其自身的状况直接相关，而且与其周边房地产的状况密切相关，受其邻近房地产利用的影响。

8. 易受限制性

房地产是生产、生活不可或缺的基本要素，关系民生及社会、经济稳定，且具有不可移动性和相互影响的特性，世界上几乎所有的国家和地区对房地产的利用、交易等都有一些限制，甚至是严格管制的。政府对房地产的限制一般是通过管制权、征收权、征税权和充公权来实现的。

9. 保值增值性

房地产的增值性是一种规律性现象。地产升值，房产同样也有升值。一般来说会因房地产需求的增加、土地资源的有限性、基础设施的改善等原因而使价格上涨，价值增加。当然，房地产升值不是直线式的，短期内房地产的价格是上下波动的，但从长期看，房地产价格无疑是不断上升的。

（三）房地产的种类

1. 按照房地产用途分类

（1）居住房地产：指供家庭或个人居住使用的房地产，又可分为住宅和集体宿舍两类。

（2）办公房地产：分为商务办公楼（俗称写字楼）和行政办公楼两类。

（3）零售商业房地产：包括商业店铺、百货商场、购物中心、超级市场、交易市场等。

（4）旅馆房地产：包括宾馆、饭店、酒店、度假村、招待所等。

（5）餐饮房地产：包括酒楼、美食城、餐馆、快餐店等。

（6）体育和娱乐房地产：包括体育场馆、保龄球馆、高尔夫球场、滑雪场、影剧院、游乐场、娱乐城等。

（7）工业房地产：包括厂房、仓库等。

（8）农业房地产：包括农地、农场、林场、牧场、果园、种子库、饲养牲畜用房等。

（9）特殊用途房地产：包括汽车站、火车站、机场、码头、医院、学校、教堂、墓地等。

（10）综合用房地产：指具有上述两种以上（含两种）用途的房地产，如商住楼。

2. 按照房地产开发程度分类

（1）生地：指不具有城市基础设施的土地，如农用地、未利用地。

（2）毛地：指具有一定的城市基础设施，有地上物（如房屋、围墙、电线杆、树木等）需要拆除或者迁移但尚未拆除或迁移的土地。

（3）熟地：指具有较完善的城市基础设施且场地平整，可以直接在其上进行房屋建设的土地。按照基础设施完备程度和场地平整程度，熟地可以分为"三通一平"（即通路、通上水、通电和场地平整）、"五通一平"（即通路、通上水、通下水、通电、通信和场地平整）、"七通一平"（即通路、通上水、通下水、通电、通信、通燃气、通热力和场地平整）。

（4）在建工程：指建筑物已开始建造但尚未竣工、不具备使用条件的房地产，包括缓建工程。

（5）现房：是指以建造完成、可直接使用的建筑物及其占用范围内的土地。现房按照新旧程度，又可分为新房和旧房。新房按照装修状况，又可分为毛坯房、粗装修房、精装修房。

3. 按照房地产实物状态分类

（1）土地：又可分为无建筑物的土地（空地）和有建筑物的土地。

（2）建筑物：又可分为已建完建筑物和尚未建造完的建筑物。

（3）土地和建筑物的综合体：可分为现房和在建工程。

（4）房地产的局部：不是整幢房屋，而是其中的某层、某套。

（5）未来状态下的房地产：其中最常见的就是期房。

（6）已经灭失的房地产。

4. 按照是否产生收益分类

（1）收益性房地产：指能直接产生租赁收益或其他经济收益的房地产，包括住宅、写字楼、旅馆、餐馆、游乐场、停车场、标准厂房（用于出租的）、仓库（用于出租的）等。

（2）非收益性房地产：是指不能直接产生经济效益的房地产，如未开发的土地、行政办公楼、学校、教堂、寺庙等。

5. 按照经营使用方式分类

房地产的经营使用方式主要有销售、出租和自用（自住或营业）三大类。按照房地产的经营使用方式，可以使房地产分为销售的房地产、出租的房地产和自用的房地产（包括住户自住和企业自身营业使用）。

二、房屋建筑基础知识

(一) 房屋建筑的分类

1. 按照建筑物使用性质分类

可分为民用建筑、工业建筑和农业建筑三大类。其中，民用建筑根据使用功能，分为居住建筑和公共建筑两类。

2. 按照建筑层数或高度分类

根据层数或高度，建筑物分为低层建筑、多层建筑、高层建筑和超高层建筑。其中住宅根据层数，分为低层住宅 (1~3 层)、多层住宅 (4~6 层)、中高层住宅 (7~9层) 和高层住宅 (10 层以上)。

公共建筑及综合性建筑高度超过 24 米的为高层建筑，但不包括总高度超过 24 米的单层建筑。不论住宅还是公共建筑、综合建筑，建筑总高度超过 100 米的均为超高建筑。

3. 按照建筑结构分类

建筑结构是指建筑物中由承重构件 (基础、墙体、柱、梁、楼板、屋架等) 组成的体系。根据建筑结构的不同，可以将建筑分为砖木结构建筑、砖混结构建筑、钢筋混凝土结构建筑、钢结构建筑。

4. 按照建筑施工方法分类

(1) 现浇现砌式建筑：主要承重构件均是在施工现场浇筑或砌筑而成。

(2) 预制装配式建筑：主要承重构件是在加工厂制成预制构件，在施工现场进行装配而成。

(3) 部分现浇现砌、部分装配式建筑。

5. 按照建筑物耐久等级分类

一级耐久年限 100 年以上 (如纪念性建筑和特别重要的建筑)；二级耐久年限 50~100 年 (普通建筑和构筑物)；三级耐久年限 25~50 年 (易于替换结构构件的建筑)；四级耐久年限 15 年以下 (临时建筑)。

（二）房屋建筑的组成

房屋建筑物一般是由地基和基础、墙体和柱、门和窗、地面、楼板和梁、楼梯、屋顶等六部分组成。

1. 地基和基础

（1）地基。地基是承受由基础传下来的荷载的土体或岩体。地基应满足下列要求：①有足够的承载力；②有均匀的压缩量，以保证有均匀的下沉；③有防止产生滑坡或倾斜方面的能力。

地基分为天然地基（未经人工加固处理的地基）和人工地基（经过人工加固处理的地基）。

（2）基础。基础是指建筑物地面以下的承重结构，是建筑物的墙或柱子在地下的扩大部分，其作用是承受建筑物上部结构传下来的荷载，并把它们连同自重一起传给地基。

基础按照不同的标准可以分为不同的类别。

①按使用的材料分为：灰土基础、砖基础、毛石基础、混凝土基础、钢筋混凝土基础。

②按埋置深度可分为：不埋式基础、浅基础、深基础。埋置深度不超过 4 米者称为浅基础，大于 4 米者称为深基础，基础直接做在地表上的为不埋基础。

③按受力性能可分为：刚性基础和柔性基础。

④按构造形式可分为条形基础、独立基础、满堂基础和桩基础。

条形基础是指呈连续的带形基础，包括墙下条形基础和柱下条形基础。

独立基础是指基础呈独立的块状，形式有台阶形、锥形、杯型等。

满堂基础又分为筏形基础和箱形基础。

筏板基础是一块支撑着许多柱子或墙的钢筋混凝土板，板直接作用于地基上，一块整板把所有单独基础连在一起，使地基上的单位面积压力减小。筏板基础适用于地基承载力较低的情况。筏板基础有利于调整地基土的不均匀沉降，或用来跨过溶洞，用筏板基础作为地下室或坑槽的底板有利于防水、防潮。

箱型基础主要是指由底板、顶板、侧板和一定数量内隔墙构成的整体刚度较好的钢筋混凝土箱型结构。箱型基础由于刚度大、整体性好、底面积较大，所以既能将上部结构的荷载较均匀地传到地基，又能适应地基的局部软硬不均。箱型基础能建造比其他基础形式更高的建筑物，对于承载力较低的软弱地基尤为合适。箱型基础对于抵抗地震荷载作用极为有利，在地下水位较高的地段建造高层建筑，用箱型基础有利于采取各种防水措施，施工方便，防水效果好。

　　桩基础由设置于土中的桩和承接上部结构的承台组成。承台设置于桩顶，把各单桩联成整体，并把建筑物的荷载均匀地传递给各根桩，再由桩端传给深处坚硬的土层，或通过桩侧面与其周围土的摩擦力传给地基。

　　2. 墙体和柱

　　（1）墙体。墙体的主要作用是承重、维护、分隔和装饰。墙体应具有足够的强度和稳定性、必要的保温隔热性能、有一定隔声性能以及有一定的防火性能等。
　　按照不同的标准墙体可以分为不同的类别：
　　①按照在建筑物中的位置，墙体分为外墙和内墙。
　　②按照在建筑物中的方向，墙体分为纵墙（沿建筑物长轴方向布置的墙，也被称为山墙）和横墙（按建筑物短轴方向布置的墙）。
　　③按照受力情况，墙体分为承重墙和非承重墙。
　　④按照使用的材料，墙体分为砖墙、石墙、土墙、砌砖墙、混凝土墙。
　　⑤按照构造方式，墙体分为实体墙、空心墙和复合墙。
　　（2）柱。柱是建筑物中直立的、起支持作用的构件，它承担和传递梁、板构件传来的荷载。

　　3. 地面、楼板和梁

　　（1）地面。常见的地面由面层、垫层和基层构成，对有特殊要求的地坪，通常在面层和垫层之间增设一些附加层。根据面材使用的材料和施工方式，地面分为以下几类：
　　①整体类地面，包括水泥砂浆地面、细石混凝土地面和水磨石地面等；
　　②块材类地面，包括普通烧结砖、大阶砖、水泥花砖、缸砖、陶瓷地砖、人造石板、天然石板以及木地面等；
　　③卷材类地面，常见的有塑料地面、橡胶毡地面以及地毯地面等；
　　④涂料类地面。地面面层是人们直接基础的表面，要求坚固、耐磨、平整、光洁、防滑、易清洁、不起尘。
　　（2）楼板。楼板的作用是承受人、家具等荷载，并把这些荷载及自重传给承重墙或梁、柱、基础。楼板的基本构造是面层、结构层和顶棚。根据结构层使用的材料，楼板分为木楼板、砖拱楼板、钢筋混凝土楼板等。钢筋混凝土楼板按照施工方式分为预制、叠合和现浇三种，其具有坚固、耐久、强度高、刚度大、防火性好等优点，目前应用比较普遍。顶棚可分为直接式顶棚和吊顶棚两类，吊顶棚简称吊顶，一般由龙骨和面层两部分组成。
　　（3）梁。梁是跨过空间的横向构件，主要起结构水平承重作用，承担其上楼板传来的荷载。根据所采用的材料，梁可分为钢梁、钢筋混凝土梁和木梁；根据传递的方向，梁可分为主梁和次梁；根据梁与支撑的链接状况，分为简支梁、连续梁和悬臂梁。

4. 楼梯

楼梯一般是由楼梯段、休息平台、栏杆和扶手组成。楼梯段是由若干个踏步组成的供层间上下行走的倾斜构件，是楼梯的主要使用和承重部分。休息平台是指联系两个倾斜楼梯段之间的水平构件，主要作用是供行人走时缓冲疲劳和分配从楼梯到达各楼层的人流。栏杆和扶手是设置在楼梯段和休息平台临空边缘的安全保护构件。

按照不同的标准，楼梯可以划分不同的类别：

①根据结构形式，分为板式楼梯、梁式楼梯和悬挑楼梯；

②根据施工方法，分为现浇钢筋混凝土楼梯和预制装配式钢筋混凝土楼梯；

③根据使用性质，分为室内主要楼梯、辅助楼梯、室外安全楼梯和消防楼梯；

④根据在建筑物中的位置，分为室内楼梯和室外楼梯；

⑤根据使用材料，分为钢筋混凝土楼梯、木楼梯和钢楼梯；

⑥根据楼层间楼梯的数量和上下楼方式，分为直跑式楼梯、折角式楼梯、双分式楼梯、双合式楼梯、剪刀式楼梯和曲线式楼梯。

5. 屋顶

屋顶是建筑物顶部其覆盖作用的维护构件，由屋面、承重结构层、保温隔热层和顶棚构成。屋顶的主要作用是承重、保温隔热和防水排水，并且起到抵御自然界的风、雨、雪以及太阳辐射、气温变化和其他外界不利因素的作用，承受积雪、积灰、人等外部荷载及自身转给力量，并将这些荷载传给承重墙或梁、柱。常见的屋顶类型有平屋顶、坡屋顶，此外还有曲面屋顶、多波式折板屋顶等形式。

三、房地产识图

(一) 建筑总平面图

建筑总平面图是用来说明建筑场地内的建筑物、道路、绿化等总体布置的平面图。内容包括：①该建筑场地的位置、数量、大小及形状；②新建筑物在场地内的位置及与邻近建筑物的相对位置关系；③场地内的道路布置与绿化安排；④新建筑物的朝向；⑤新建筑物首层室内地面与室外地坪及道路的绝对标高；⑥扩建建筑物的预留地。

（二）建筑施工图

1. 建筑平面图

建筑平面图是假想用一水平的剖切面沿门窗洞位置将建筑物剖切后，对剖切面以下部分所作的水平投影图。单层以上的建筑物一般每层有一个单独的平面图，但对于中间几层平面布置完全相同的，通常只用一个平面图表示。一幢建筑物一般由以下几种建筑平面图：①首层平面图；②标准层平面图（表示中间各层具有相同的平面布置）；③顶层平面图；④屋顶平面图（屋顶平面的水平投影）。

从建筑平面图中可以看出以下内容：①建筑物的平面形状；②建筑物及其组成房间的名称、尺寸、定位轴线和墙厚；③走廊、楼梯的位置及尺寸；④门、窗的位置、尺寸及编号；⑤台阶、阳台、雨篷、散水的位置及尺寸；⑥室内地面的高度。

2. 建筑立面图

建筑物有多个立面，通常把建筑物的主要出入口或反映建筑物外貌主要特征的立面图称为正立面图，从而确定背立面图和左、右侧立面图。主要内容为：①建筑物外观特征及凹凸变化；②建筑物主要部分的标高及高度关系；③建筑物立面所选用的材料、色彩和施工要求等。

3. 建筑剖面图

建筑剖面图用以表示建筑物内部的结构或构造形式、分层情况和各部位的联系、材料及其高度等，是与平面图、立面图相互配合不可或缺的重要图样之一。建筑剖面图的主要内容有：①剖切到的各部位的位置、形状及图例，其中有室内外地面、楼板层及屋顶层、内外墙及门窗、梁、女儿墙或挑檐、楼梯及平台、雨篷、阳台等；②剖切到的可见部分，如墙面的凹凸轮廓线、门、窗、勒脚、踢脚线、台阶、雨篷等；③外墙定位轴线及其间距；④垂直方向的尺寸及标高；⑤施工说明。

4. 建筑详图

建筑详图包括：①表示局部构造的详图，如外墙身详图、楼梯详图、阳台详图等；②表示房屋设备的详图，如卫生间、厨房、实验室内设备的位置及构造等；③表示房屋特殊装修部位的详图，如吊顶、花饰等。

（三）房地产图

房地产图示为地籍图和房产图的统称。

1. 地籍图

地籍即土地的"户籍",是记载土地及其地上附着物的位置、界址、面积、质量、权属和用途等基本状况的簿册、数据和图纸等。地籍图是地籍测量绘制的图件,是一种详细划分土地权属界限的大比例尺地图,用于说明或证明权属土地的位置和面积等。地籍图可分为基本地籍图和宗地图。

(1) 基本地籍图。基本地籍图是全面反映房屋及其用地的位置和权属状况的基本图,它是测制宗地图的基础。

(2) 宗地图。宗地是指土地权属界址线所封闭的地块,一般情况下,一宗地为一个权属单位,同一个土地使用者使用不相连接的若干地块时,则每一地块分别为一宗。宗地是土地登记的基本单元,也是地籍调查的基本单元。

宗地图是权属单位地籍图,即是以宗地为单位绘制的地籍图,它是土地权属的基本单元。宗地图详尽表示了该宗地的地籍内容及该宗地周围的权属单位和四至,是核发土地权属证书和地籍档案的附图,比例尺为 1∶500 或大于 1∶500,计量单位一般为 m 或 m^2,宗地面积过大时可以 km 或 km^2为单位。

2. 房产图

按照房产管理的需要,房产图分为房产分幅图、房产分丘图和房产分户图。先测绘房产分幅图,再测绘房产分丘图,然后测绘房产分户图。其中,测定房屋平面位置,绘制房产分幅图;测定房屋四至及归属,后丈量房屋边长,计算面积,绘制房产分丘图;测定权属单元产权面积,绘制房产分户图。

(1) 房产分幅图。房产分幅图是全面反映房屋及其用地的位置和权属等状况的基本图,是绘制房产分丘图和房产分户图的基础资料,比例一般为 1∶500。房产分幅图表示的内容有控制点、行政境界、丘界、房屋、房屋附属设施和房屋维护物、房产要素和房产编号,以及房产管理有关的地形地籍要素和注记。

(2) 房产分丘图。丘是指地表上一块有界空间地块。一个地块只属于一个产权单元时称独立丘,一个地块属于几个产权单元时称组合丘。房产分丘图以丘为单位绘制,是房产分幅图的局部明细图,是绘制房屋产权证附图的基本图,比例在 1∶100 ~ 1∶1000。房产分丘图表示的内容除了房产分幅图表示的内容外,还有房屋权属界线、界址点、界址点号、房角点、建成年份、用地面积、建筑面积、墙体归属和四至关系等各项房地产要素。

(3) 房产分户图。房产分户图以产权登记户为单位绘制,是在房产分丘图基础上绘制的细部图,以一户产权人为单位,表示房屋权属范围的细部,以明确异产毗邻房屋的权利界线,是不动产权证(房屋权属证书)的附图。房产分户图的比例一般为

1：200，表示的内容有房屋权属界线、四面墙体的归属和楼梯、走道等部位以及门牌号、所在层、户号、室号、房屋建筑面积和房屋边长等。房产分户图图框内标注有房屋权属面积，它包括套内建筑面积和共有分摊面积。

四、房地产面积

（一）土地面积的概念和种类

广义上的土地面积是指地球表面上某一区域的面积，如全国的土地面积，某一省、市、县或乡的土地面积，某一地块的土地面积。本教材中的土地面积是指与土地权属有关的土地面积，主要有宗地面积和共有土地分摊面积。

不计入宗地面积的范围有：①无明确使用权属的冷巷、巷道或间隙地；②市政管辖的道路、街道、巷道灯公共用地；③公共使用的河滩、水沟、排污沟；④已征收、划拨或者属于原房地产证记载范围，经规划部门核定需要作市政建设的用地；⑤其他按规定不计入宗地的面积。

共有土地分摊面积是指土地所有者或者土地使用者在共有土地面积中所分摊的面积，一般根据所拥有建筑面积的多少按比例分摊。

（二）房屋面积

1. 房屋面积的种类

房屋面积主要有建筑面积、使用面积。成套房屋还有套内建筑面积、共有建筑面积、分摊的共有建筑面积。此外，还有预测面积、实测面积、合同约定面积、产权登记面积。

2. 房屋建筑面积的计算

（1）房屋建筑面积测算的一般规定：
①房屋面积测算是指水平投影面积测算。
②房屋面积测算的精度必须达到《中华人民共和国标准·房屋测量规范》（GB/T 17996.1-2000）规定的房产面积的精度要求。
③房屋面积测算必须独立进行两次，其较差应在规定的限差以内，取平均数作为最后结果。
④量距应使用经检定合格的卷尺或其他能达到相应精度的仪器和工具。
⑤边长以 m 为单位，取至 0.01m；面积以 m^2 为单位，取至 $0.01m^2$。
（2）计算建筑面积的一般规定：

①计算建筑面积的房屋，应是永久性结构的房屋。

②计算建筑面积的房屋，层高应在 2.20m 以上。

③同一房屋如果结构、层数不相同时，应分别计算建筑面积。

（3）计算全部建筑面积的范围：

①单层房屋，按一层计算建筑面积；二层以上（含二层，下同）的房屋，按各层建筑面积的总和计算建筑面积；

②房屋内的夹层、插层、技术层及其楼梯间、电梯间等其高度在 2.20m 以上部位计算建筑面积；

③穿过房屋的通道，房屋内的门厅、大厅，均按一层计算面积。门厅、大厅内的回廊部分，层高在 2.20m 以上的，按其水平投影面积计算；

④楼梯间、电梯（观光梯）井、提物井、垃圾道、管道井等均按房屋自然层计算面积；

⑤房屋天面上，属于永久性建筑，层高在 2.20m 以上的楼梯间、水箱间、电梯机房及斜面结构屋顶高度在 2.20m 以上的部位，按其外围投影面积计算；

⑥挑楼、全封闭的阳台，按其外围水平投影面积计算。属于永久性结构有上盖的室外楼梯，按各层水平投影面积计算。与房屋相连的有柱走廊，两房屋间有上盖和柱的走廊，均按其柱的外围水平投影面积计算。房屋间永久性的封闭的架空通廊，按外围水平投影面积计算；

⑦地下室、半地下室及相应的出入口，层高在 2.20m 以上的，按其外墙（不包括采光井、防潮层及保护墙）外围水平投影面积计算；

⑧有柱（不含独立柱、单排柱）或者维护结构的门廊、门斗，按其柱或维护结构的外围水平投影面积计算；

⑨玻璃幕墙等作为房屋外墙的，按其外围水平投影面积计算；

⑩属永久性建筑有柱的车棚、货棚等，按柱的外围水平投影面积计算；

⑪依坡地建筑，利用吊脚做架空层，有维护结构的，按其高度在 2.20m 以上部位的外围水平投影面积计算；

⑫有伸缩缝的房屋，如果其与室内相通的，以伸缩缝计算建筑面积；

（4）计算一半建筑面积的范围：

①与房屋相连有上盖无柱的走廊、檐廊，按其维护结构外围水平投影面积的一半计算；

②独立柱、单排柱的门廊、车棚、货棚等以永久性投影面积的一半计算；

③未封闭的阳台、挑廊，按其维护结构外围水平投影面积的一半计算；

④无顶盖的室外楼梯按各层水平投影面积的一半计算；

⑤有顶盖不封闭的永久性架空通廊，按外围水平投影面积的一半计算。

（5）不计算建筑面积的范围：

①层高小于 2.2m 以下的夹层、插层、技术层和层高小于 2.2m 的地下室和半地下室；

②突出房屋墙面的构件、配件、装饰柱、装饰性的玻璃幕墙、垛、勒脚、台阶、无柱雨篷等；

③房屋之间无上盖的架空通廊；

④房屋的天面、挑台、天面上的花园、泳池；

⑤建筑物内的操作平台，上料平台及利用建筑物的空间安置的箱、罐的平台；

⑥骑楼、过街楼的底层用作道路街巷通行的部分；

⑦利用引桥、高架桥、高架路、路面作为顶盖建造的房屋；

⑧活动房屋、临时房屋、简易房屋，不是永久性的房屋都不应计算建筑面积；

⑨独立烟囱，亭、塔、罐、池、地下人防干、支线；

⑩与房屋室内不相通的房屋间伸缩缝、沉降缝。

3. 成套房屋建筑面积的测算

（1）成套房屋建筑面积的组成。成套房屋建筑面积由套内建筑面积和分摊到的共有建筑面积组成，即建筑面积=套内建筑面积+分摊的共有建筑面积。

其中，套内建筑面积=套内房屋使用面积+套内墙体面积+套内阳台建筑面积。

（2）各面积内涵及计算：

①套内房屋使用面积：房屋户内全部可供使用的空间面积，按房屋的内墙面水平投影计算，不包括墙、柱等结构构造和保温层的面积，也未包括阳台面积；

②套内墙体面积：是指套内使用空间和周围的维护或承重墙体或其他承重支撑体所占的面积，其中各套之间的分割墙和套与公共建筑空间的分隔墙以及外墙（包括山墙）等共有墙，均按水平投影面积的一半计入套内墙体面积，套内自有墙体按水平投影面积全部计入套内墙体面积；

③套内阳台建筑面积：是指按阳台外围与房屋外墙之间的水平投影面积，其中封闭的阳台按水平投影全部计算建筑面积，未封闭的阳台按水平投影的一半计算建筑面积；

④分摊的共有建筑面积：根据房屋共有建筑面积的不同使用功能，应分摊的共有建筑面积分为幢共有建筑面积（如配电房、水泵房）、功能共有建筑面积（如专为某一使用功能服务的电梯、楼梯间、大堂等）、本层共有建筑面积（如本层的共有走廊等）三种。

共有建筑面积的内容包括：作为公共使用的电梯井、管道井、楼梯间、垃圾道、变电室、设备间、公共门厅、过道、地下室、值班警卫室，以及为整幢建筑服务的公共用房和管理用房的建筑面积，以水平投影计算；套与公共建筑之间的分隔墙，以及外墙（包括山墙）水平投影面积一半的建筑面积。

不计入共用建筑面积的内容有：独立使用的地下室、车棚、车库；作为人防工程的地下室、避难室（层）；用作公共休憩、绿化等场所的架空层；作为建筑造型而建，但无实用功能的建筑面积。建在幢内或幢外与本幢相连，为多幢建筑服务的设备、管理用房，以及建在幢外与本幢不相连，为本幢或多幢建筑服务的设备、管理用房均作为不应分摊的共有建筑面积。

第二节　房地产交易信息搜集与运用

一、房源信息的搜集与运用

（一）房源的含义

从房源的含义看，一宗房地产要成为房源，必须具备两个条件：一是依法在市场上进行交易，即能够出租、转让或抵押，不得出租、转让和抵押的房屋不能成为房源。二是房屋权利人有交易的意愿，并采取了委托行动。若房屋权利人无交易的意愿，持有房屋只是用于自住，就不能成为房源；若房屋权利人有交易意愿，但对其持有房屋未采取委托行动，则房地产经纪机构和房地产经纪人员无从知悉，这样的房屋也不能成为房源。

综上所述，确切地说，房源通常是指房屋权利人委托房地产经纪机构交易的房屋。

（二）房源信息的含义和构成

1. 房源信息的含义

房源信息通常是指与委托出售（或出租）房屋相关的信息，包括房屋的实物状况、权益状况、区位状况和物业管理状况以及委托人身份、价格等相关信息。

2. 房源信息的构成要素

一个有效的房源信息，应包括房地产权利人资料、房地产状况、挂牌要求等基本要素。

（1）房地产权利人资料主要包括委托人的姓名、联系电话等，在签署独家代理委托协议时还需要留下委托人的身份证复印件和房地产权属证书复印件，以保证信息的真实性。

（2）房地产状况包括房地产的位置、物业类型、权属证明材料（如房产证、房地产预售契约等）以及复印件、产权性质（如房改房、商品房等）、使用现状（出租或自住等）、面积、楼层、装修、朝向、家具电器、户型、停车位、物业管理收费标准及是否有银行抵押贷款等。

（3）挂牌要求主要包括委托人所定的出售或出租价格，以及交房日期、税费支付方式等。挂牌要求是动态的，即当时的挂牌要求可能随着时间的推移，根据市场和供求关系的变化而发生变化。

（4）房源的其他信息，如信息来源、委托人是否愿意独家代理等信息。

（三）房源信息搜集的渠道

房源信息搜集简称房源开发，是房地产经纪人员的一项重要工作。搜集房源信息的方式通常有被动搜集和主动搜集两种。

1. 被动搜集

（1）门店接待。门店接待是房地产经纪人员比较传统的搜集房源信息的方式，也是目前最常用的方式。门店接待是指房地产经纪人员利用房地产经纪机构开设的门店，接受房地产权利人委托，获得房源信息的方式。

（2）互联网获取。随着现代信息技术的快速发展，互联网已成为人们传播、获取各类信息的重要渠道。目前，在城市中，互联网已经成为人们生活的重要组成部分。通过互联网获取房源信息，是指房地产经纪人员利用房地产经纪机构建立的网站，接受房地产权利人委托，获得房源信息的方式。

（3）电话获取。电话获取，是指房地产经纪人员通过接听来电、接受房地产权利人委托，获得房源信息的方式。

（4）熟人推荐。熟人推荐，是指房地产经纪人员通过其优质的专业服务，获得房地产权利人或者客户认可，他们再向拥有房源的同事、亲属、朋友等推荐，从而使房地产经纪人员获取房源信息的方式。熟人推荐现在越来越受到房地产经纪机构的重视。

2. 主动搜集

（1）媒体获取。在现实生活中，很多房地产权利人为尽快实现房源交易，将房源信息发布在一些网站、报纸上。房地产经纪人员应经常查看人们发布房源信息的网站和报纸，初步了解房源信息后，及时与信息发布人取得联系，说明联系目的、所在机构的实力和信誉等，力争取得房源的代理权。

（2）住宅小区获取。对于大型住宅小区，房地产经纪人员应重视通过住宅小区获取房源信息这种方式。住宅小区获取，是指房地产经纪人员在住宅小区进行陌生拜访或者为小区居民提供房地产咨询服务，引起房地产权利人的关注，从而获取房源信息的方式。

（3）联系有关单位。这里说的有关单位是指拥有大量房地产的单位，如房地产开发企业、建筑施工企业、大型企事业单位、资产管理公司、金融机构等。有些房地产开发企业不熟悉市场营销，愿意将开发的项目委托给房地产经纪机构销售。也有些房地产开发企业自行销售一段时间后，从节约成本的角度出发，将"尾盘"委托给房地产经纪机构销售。由于资金紧张，有些房地产开发企业将开发的房地产用于抵消工程款、材料款，因而建筑施工企业有时也拥有大量的房地产。建筑施工企业通常不善于市场营销，希望有房地产经纪机构代理销售。

（四）房源信息的共享

房源信息的共享形式，主要依据市场的现状以及房地产经纪机构自身的发展与特点进行设定。目前主要有私盘制、公盘制和分区公盘制几种模式。

1. 私盘制

房源信息由接受委托的房地产经纪人员录入，其他房地产经纪人员只能看到房源的基本情况，业务的联络方式只由接受委托的房地产经纪人员拥有。其他房地产经纪人员只能通过该房地产经纪人员与该房地产的业主（委托人）取得联系。当其他房地产经纪人员促成交易后，该房地产经纪人员可分得部分佣金。

2. 公盘制

公盘制是指在一个房地产经纪机构内部，或者几个房地产经纪机构联盟之间，或者一定区域范围内所有联盟的房地产经纪机构之间共享房源。目前，我国大部分房地产经纪机构采用内部公盘制，以实现房源信息共享。

3. 分区公盘制

分区公盘制是指在同一个房地产经纪机构内部，同一区域工作的房地产经纪人员可共享该区域的所有房源信息。如果需要跨区域去开展业务，则要与本公司其他区域的房地产经纪人员合作，并共同分享佣金。

（五）房源信息的发布

目前，房地产经纪机构发布房源信息有多种渠道，为了加强信息的针对性，对于不同的发布内容，选择渠道各有侧重。

1. 存量房房源信息发布渠道

（1）互联网。现在利用互联网的人数越来越多、网站工程越来越强大，互联网成为房地产经纪机构发布房源信息最重要的渠道。一些大型的房地产经纪机构都开发了自己的官方网站，主要功能是展示预案信息。同时，一些网站也建立了房地产栏目，如搜房网、安居客、新浪乐居等。这种方式具有信息量大、便于查询、更新快、内容全面直观等优点。

（2）经纪门店。房地产经纪门店是房地产经纪人员的办公场所，房地产经纪人员可以按照机构要求的样式将房源信息展示在门店相应的位置，客户可以方便、直观地看到门店的房源信息，到店内与经纪人员交流，委托房地产经纪机构开展经纪业务。这种方式具有便于与客户互动交流、信息更新速度快等优点，但发布房源信息量较小。

（3）宣传单。房地产经纪人员可以在适当的地点向潜在客户发送房源宣传资料，宣传资料要简洁明了、重点突出，易于引起客户的注意。这种方式灵活机动，但发布信息量小，更新速度慢。

2. 新建商品房房源信息发布渠道

（1）报纸。报纸是最为传统的媒体，可以兼图片和文字两方面内容，阅读灵活、易于保存，读者广泛且稳定。由于房地产市场具有区域性，而报纸恰恰也具有这种特点，房地产经纪机构可以将代理的房源广告图文并茂地发布在报纸上。这种方式具有读者广泛而稳定、版面灵活、时效性强、成本低等优点，但有时效性短、感染力差等缺点。

（2）户外广告。常见的户外广告有路边广告牌、高立柱广告牌、灯箱、霓虹灯广告牌、LED看板等。户外广告可以具有很好的形象性，但是限于安装等因素，户外广告牌不可能频繁更换，所以户外广告牌时效性比较长。这也决定了使用户外广告牌不能很随意，必须谨慎。

（3）互联网。利用网络上的广告横幅、文本链接、多媒体的方法，可以发布房地产广告。与传统的四大传播媒体（报纸、杂志、电视、广播）广告及备受垂青的户外广告相比，通过互联网发布房地产广告具有传播范围广、交互性强、受众数量可准确统计等优点，但相比其他媒体，互联网的覆盖率在一些地区或特定人群中偏低。

（4）电视。电视广告是一种经由电视传播的广告形式。大部分电视广告由外面的广告公司制作，并且向电视台购买播放时数。电视广告发展至今，其长度从按秒计算至按分钟计算皆有。通过电视发布房地产广告具有普及率高、表现力强、推广迅速等优点，但制作程序比较烦琐，花费成本高。

二、客源信息的搜集与运用

（一）客源的含义和分类

1. 客源的含义

客源是对房源有现时需求或潜在需求的客户，包括需求人及其需求意见或信息。这种需求包括以获得房屋所有权为目的的购买需求，也包括以暂时获得房屋使用权的租赁需求。

2. 客源的分类

按照客户购买意向的强弱、经济承受能力、购买区域范围及对物业品质要求的程度等因素，可以将客户分为不同等级的客户群。

（1）对于购买（租赁）需求强烈、有一定经济实力、预算合理的客户，要重点跟踪。

（2）对于购买（租赁）需求不迫切、有一定购买实力，要求较高的客户，要定期跟踪，不断了解客户特征和需求。

（3）对于无法成交的客户，要告知其原因，并保持联系，待时机成熟后促成交易。

（二）客源信息的含义和构成

1. 客源信息的含义

客源信息是指客源自身包含的、有利于成交的、对于房地产经纪机构和房地产经纪人员有用的信息，它是房地产经纪机构的重要资源。特别是买方市场的前提下，客源信息对于房地产经纪机构显得尤为重要，一个房地产经纪机构拥有的客源信息越多，其竞争力就越强。

2. 客源信息的构成要素

一个有效的客源信息包括 3 个方面的基本要素，分别是客源基础资料、客源的需求信息和客源的交易信息。

（1）客源基础资料。客源基础资料主要是客户的基本资料，主要包括客源（委托人）的姓名、联系电话、通信地址等，必要时还需业主的身份证号码。

（2）客源的需求信息。客源的需求信息是指客户对房源在实物、权益和区位方面的有关需求。常见的客源需求有：①房地产基本状况，包括用途、位置、面积、房型、朝向、建造年代、楼层、装修等。若目标房地产是住宅，需要调查客户对卧室、浴室、层高、景观、朝向的需求意向；②目标房地产价格，包括单价和总价、付款方式、贷款方式、贷款成数等；③配套条件的要求，如商场、会所、学校、交通条件（如是否临近地铁站口）等；④特别需求，如车位、通信设施，是否有装修等。

（3）客源的交易信息。客源的交易信息是指客户提出的交易类型、交易价格、交易时间。客源交易的类型由委托人给出，主要有承租和购买两种类型；交易价格具体指委托人可以承受的购买价格和承租价格；交易时间是指客户要求房地产经纪机构找到合适房源的时间。

(三) 客源信息搜集的渠道

房地产经纪人员只有不断挖掘潜在的客源，才能创造经纪成果。一个成功的房地产经纪人员必须确保潜在客户的数量，为了开拓充足的客源，房地产经纪人员必须熟练运用各种开发客源的渠道和方法。

1. 门店接待法

门店接待客户是指房地产经纪人员利用房地产经纪机构开设的店面，待客户主动上门咨询而得到的客户的方式。这种方式是常用的方法，也是房地产经纪人员获得精准客户的渠道之一。

2. 广告法

房地产经纪机构可以在当地主流媒体、房地产专业媒体、门店橱窗或者宣传单等媒介上发布房源信息，通过发布的房源信息吸引潜在客户，从而获得客源信息的渠道。

3. 互联网开发法

互联网开发客户的主要方式主要有两种：一是在不同公众网站（当地主流网站或专业的房地产网站）进行房源信息广告的公布；二是在公司门户网站发布广告与房源信息，吸引客户主动电话联系或者上门拜访。

4. 客户介绍法

曾经服务过的客户是房地产经纪人员服务质量的最佳证人，是房地产经纪人员宝贵的资源。房地产经纪人员依托信赖建立了稳固的客户关系网，客户常常会免费为房地产经纪人员介绍新客户。因此，一个服务质量高、业务素质好、从业时间长的房地产经纪人员，资源积累越多，客户信息也就越多。

5. 人际关系法

人际关系法不仅是指以自己认识的亲朋好友的信赖为基础，通过人际关系网络介绍客户，而且包括新的人际关系的开发。这种开拓房源的方法不受时间、场地的限制，是房地产经纪人员个人可以操作的方法。比如，与小区保安或者物业人员保持长时间的感情沟通建立信任，可获得一些客户的信息或联系方式。

6. 驻守或挂横幅揽客法

驻守方式主要是在一个特定的场所，可能是某个小区、可能是某个地段，房地产经纪人员进行设摊招揽客户咨询或主动接触客户而获得客户的方式。挂横幅的方式与驻守方式有相似之处，主要指在小区显眼的地方把房地产经纪人员的联系方式告知客户，等待客户联系房地产经纪人员的方式。

7. 讲座揽客法

讲座揽客法是通过向社区、团体或特定人群举办讲座来发展客户的方法。讲座可以是房地产知识介绍，也可以是房地产市场分析或房地产投资信息的提供，或房地产交易流程、产权办证问题的介绍。

8. 会员揽客法

会员揽客法是指通过成立客户俱乐部或客户会的方式吸收会员并挖掘潜在客户的方法。这种方法通常是大型房地产经纪机构或房地产开发企业为会员提供的特殊服务或让会员享受某些特别权益，如服务费打折、信息提供奖励等。

9. 团体揽客法

团体揽客法是指以团体（如公司或机构）为对象的客户开发方法。房地产经纪机构利用与团体的公共关系发布信息，对经纪公司进行宣传，从而争取客户的委托。例如，房地产经纪机构与银行合作，共同宣传房地产抵押贷款代办服务项目，从而争取到该银行办理房地产抵押贷款业务的客户。这种方法通常和讲座揽客法、服务费打折或提供特别服务的方式一并使用。

（四）客源信息的保护与更新

客源不同于房源，在房地产经纪公司，客源是受保护的，只属于开发客源的房地产经纪人员，但如果其在一定时期内没有联系该客源，那么，其客源信息则可以转为公共客源信息，其他房地产经纪人员均可联系。

信息不是一成不变的，随着时间、条件的不断更新，信息也有可能不断变化。房地产经纪人员在每次电话跟进、带领客户看房之后，如果有新的发现，特别是客户的需求信息，应该及时地进行更新。

三、房地产价格信息的搜集与运用

（一）房地产价格信息的类型

房地产价格信息是指房地产市场上形成的房地产交易的各种价格及与价格有关的因素。房地产经纪人员需要搜集的房地产价格类型包括新建商品房销售价格、存量房买卖成交价格、存量房买卖挂牌价格、存量房租赁成交价格、存量房租赁挂牌价格。除房地产的价格本身外，还要搜集与价格有关的各种因素，如房屋类型、面积、楼层、朝向等，这样才能对价格进行分析比较并加以利用。

（二）房地产价格信息搜集的方法

1. 政府主管部门网站

政府主管部门网站是房地产经纪人员了解房地产交易价格信息的主要渠道之一。政府部门所掌握的价格信息有以下特点：①权威有效。此类价格信息都是在政府相关部门进行登记的信息，虽然与真实成交价格可能有一定出入，却是未来房地产计税的依据，是权威有效数据；②时效性不高。此类价格信息大多数以登记完毕后为准，较交易当事人签订相关合同时，时间相对滞后。针对从政府部门网站搜集的房地产价格信息，房地产经纪人员应考虑到时效性问题，在实际操作过程中，应注意与其他渠道搜集的价格信息综合运用。

2. 房地产经纪机构的成交案例

房地产经纪机构的成交案例，是房地产经纪人员又一主要的价格信息搜集渠道。房地产经纪机构从事房地产经纪业务，每个月都有许多的成交案例，此类成交价格是价格信息的真实反映，而且时效性较强。

此类方法搜集的价格信息可能有一定的误差，原因是房地产经纪机构的成交报告主要以签订的房地产交易合同为依据，有可能出现签订了合同，最后没有成交的情况。

3. 通过交易当事人了解信息

房地产经纪人员在跟进客户时，了解到客户已经完成交易，应适时询问房屋的买卖价格或是租赁价格，并记录在案。通过交易当事人了解到的信息，应对其真实性及有效性做一定的评估。

4. 相关机构的调研报告

市场调研报告是房地产经纪人员应及时关注的信息。目前，专业的房地产营销代理公司、房地产经纪机构及相关房地产机构都有房地产周报、月报、分析报告等，此类报告大多数是免费的，并且会及时在市场公开，房地产经纪人员可以从他们的调研报告中了解相关价格信息。

5. 房地产专业网站

专业的房地产网站也是价格信息有力的提供者。房地产经纪人员可以通过浏览房地产专业网站查看相关价格信息，包括区域的买卖均价、成交情况等。

此外，在房地产专业网站上还有很多其他房地产经纪人员的挂牌信息，此类信息仅作为房地产经纪人员的参考价格，因为很多房地产经纪人员为了吸引客户打电话咨询房源信息，会违规将价格发布得相对较低。

6. 报纸房地产专版

在报纸房地产专版上也会出现很多价格信息，包括一些评论员提供的成交数据、价格情况等，以及房源广告标注的价格信息，房地产经纪人员也可以从侧面了解相关价格情况。

（三）房地产价格信息的整理

房地产经纪人员需要运用统一的表格对房屋出租与出售价格信息进行有效记录。在实际业务中，记录房地产价格信息的常用表格通常有两大类：一是新建商品房价格信息表（如表2-1），二是存量房价格信息表（如表2-2）。两种表格的内容和侧重点不同。

表2-1　　　　　　　　　　　　　　　　新建商品房价格信息表

序号	楼盘名称	位置	房地产类型	户型	面积	楼层	朝向	装修情况	周边配套	交通状况	开盘时间	入住时间	成交时间	成交价格	信息来源	备注
1																
2																
3																

表 2-2　　　　　　　　　　　　存量房价格信息表

序号	小区名称	户型	面积	楼层	朝向	装修情况	建成年代	周边配套	交通状况	成交时间	成交价格	成交单价	信息来源	备注
1														
2														
3														

（四）房地产价格信息的运用

1. 为指定房地产挂牌价格提供依据

房地产经纪机构接受卖方或出租方委托后，要根据委托房地产的实际状况，结合市场价格信息及近期走势指定挂牌价格。房地产经纪人员要将类似房地产近期成交价格展示给卖方，为其讲解这些成交案例与委托房地产的差异，进行加价或减价调整，大致确定房地产的市场价格及心理价位。然后根据近期价格谈判的经验，预留一定的议价空间，与卖方或出租方一起确定挂牌价。

2. 为房地产交易谈判提供价格参考

任何房地产交易都不能脱离市场，价格信息是交易当事人进行价格谈判最为重要的参考条件。房地产经纪人员在组织双方价格谈判时，应将类似房地产的价格信息、近期房地产价格走势等传递给交易当事人双方，交易当事人再根据房源的个案情况，结合市场状况进行相关谈判，实现最终成交。价格信息在交易当事人谈判中，具备一定的指导功能，也能帮助买卖双方正确认识房源个案的价值。

3. 利用价格趋势促进房源和客源的开发

价格趋势是房地产经纪人员促进房源、客源开发的一种方式。价格状态呈上扬趋势，房地产经纪人员可以将信息告知客户，促进其尽快下决定购买；价格状态呈现下降趋势，房地产经纪人员可以将信息尽快告知业主，促使其尽快下定决心出售，避免不必要的损失。

第三节 房屋实地查看要领

一、房屋实地查看前的准备工作

（一）房屋实地查看的含义和作用

1. 房屋实地查看的含义

房屋实地查看是房地产经纪人员亲自或者带领客户到房屋现场，检查、观察委托房屋状况的活动。房屋具有独一无二性，所以房屋实地查看是房地产经纪人员促成房地产买卖、租赁业务不可省略的工作步骤，也是与客户建立情感、促成双方交易的关键环节。

2. 房屋实地查看的作用

房屋实地查看通常分为房地产经纪人员实地查看房屋和带客户实地查看房屋两个阶段。对房屋进行实地查看，有利于房地产经纪人员确认房屋真实存在，亲身感受房屋的区位状况、实物状况和物业管理状况，从而熟悉和掌握文字、图纸、照片等资料无法或者难以反映的细节。同时，在带客户实地查看的过程中，通过其专业素养和职业能力的体现，可以与客户建立良好的关系，为后续房地产经纪服务工作的开展奠定良好的基础。

（二）房屋实地查看前的准备工作

房地产经纪人员在房屋实地查看前，应做好相关准备工作：

1. 提前了解

通过网络等途径，对委托房屋的地理位置、交通情况、周边环境、商业配套、教育配套、医疗配套等进行初步了解，并做好记录。

2. 提前与委托人约定房屋实地查看的时间

"提前"最好分为两个阶段，至少在三天前预约一个看房时间，然后在看房的前一天再进行确认。

3. 询问委托人房屋的具体详细位置

与委托人约定看房时间的同时，还应询问委托人房屋的具体详细位置，即房屋所在的区、路、小区、栋、门牌号。

4. 备好房屋实地查看的工具

具体应包括：测量距离的工具，如激光测距仪、卷尺等；拍照的工具，如相机、智能手机等；测量时间的工具，如手表、手机等；计算面积的工具，如计算器等。

5. 备好《房屋状况说明书》

《房屋状况说明书》包括房屋区位状况、房屋实物状况、物业管理情况、查看人及查看日期等。房地产经纪人员对房屋进行实地查看的所有成果，都应在《房屋状况说明书》上反映出来。

(三) 房屋实地查看的主要内容

在房地产经纪服务过程中，房屋实地查看主要包括三个方面的内容，即实地查看房屋的区位状况、实物状况和物业管理状况。

1. 房屋区位状况的查看

房屋区位状况是指查看的房屋与其他房屋或建筑物的空间方位和距离。包括坐落、楼层、朝向、交通条件（道路状况、出入可利用的交通工具、停车方便程度）、周围环境和景观（自然景观、人文环境景观）、外部配套设施等情况。

2. 房屋实物状况的查看

房屋实物状况是指房屋自身或内部的状况，包括建筑规模、空间布局、房屋用途、建筑高度、层高或室内净高、建筑结构、设施设备、装饰装修、隔声、通风、采光、房龄、设计使用年限、外观等情况。

3. 房屋物业管理情况的查看

房屋物业管理状况是指对标的房屋共用部分的维护管理情况，包括物业服务企业名称、物业服务费标准和服务项目、基础设施的维护情况和周边环境的整洁程度等。

二、房屋实地查看的操作要点

（一）房屋区位状况实地查看

1. 房屋区位状况实地查看的内容

（1）坐落。说明房屋的具体地点，并附位置示意图。位置示意图应准确、清楚、比例恰当。例如，房屋位于××市××区××路（大街、大道）××号，具体位置见位置示意图。

（2）楼层。说明房屋所在楼层和总层数或总高度。层数要注意区分自然层数（即实际层数，按楼板、地板结构分层的楼层数）和标注层数（即名义层数，是为回避所谓不好的楼层数字，所标注的楼层数）。

（3）朝向。说明房屋的正门或房间的窗户正对着的方向，如房屋是南北朝向的，其中客厅和主卧朝南，厨房、卫生间朝北。

（4）道路状况。说明附近有几条道路，到这些道路的距离，各条道路的路况（如道路等级、路面状况、交通流量）。

（5）出入可利用的交通工具。说明附近经过的公共汽车、电车、地铁、轻轨、轮渡等公交线路的数量，到达公交站点（如公共汽车站、地铁站等）的距离，公交班次的疏密等。

（6）停车方便程度。说明有无停车场、车位数量、到停车场的距离、停车费标准等。

（7）自然环境状况。说明环境是否优美、整洁，有无空气、噪声、水、辐射、固体废物等污染及其程度。对于住宅，特别说明周围有无高压输电线路、无线电发射塔、垃圾站、公共厕所等。

（8）人文环境状况。说明房屋所在地区的声誉、居民特征（如职业、收入水平、文化程度、宗教信仰）、治安状况等。

（9）景观状况。说明有无水景（如海景、江景、河景、湖景）、山景等。

（10）外部配套设施。说明一定距离内商业服务、金融邮电、教育、医疗卫生、文化、体育、社区服务、市政公用和行政管理等设施的完备程度。

2. 房屋区位状况实地查看的注意事项

（1）注意房屋附加值。这里主要说明的是学区房，相邻的 A、B 两个小区，A 是区域内某所小学的学区房，但并不代表 B 小区也是。有时候同样是 A 小区的房地产，楼栋不同，学区也会不同。因此，如果是买卖学区房，一定要询问清楚，所看的房地产是否有学区，以及入学条件和相关政策。

（2）观察环境。一个良好的生活环境，不仅要求有很高的绿地覆盖率，而且还要真正能为己所用。另外，还要考察所购买的楼房之间的间距、容积率和建筑密度、四周污染情况（如尽量远离工厂、马路、大商场、大酒店）等。

（3）注意景观。好的景观可以达到亲近自然的效果，但如今很多小区的景观建设都缺乏"以人为本"的设计理念，而是像建楼房一样先平整地皮，再造景观。这样的景观显得很呆板，毫无层次可言，让人根本无法产生亲切感，一眼就能看出人工雕琢的痕迹。

（二）房屋实物状况实地查看

1. 房屋实物状况实地查看的内容

（1）建筑规模。根据房屋的使用性质说明其面积、体积等。面积由建筑面积、套内建筑面积、使用面积、居住面积、营业面积、可出租面积等构成。物流用的仓库一般要说明体积。

（2）空间布局。说明空间分区以及各个空间的交通流线是否合理，并附房产平面图、户型图等来说明。对于住宅，要说明户型；对于商业用房特别是临街铺面房，要说明面宽、进深和宽深比；对于厂房，要说明跨度等。房屋的空间布局应附照片来说明。

（3）房屋用途。说明房屋的规划设计用途以及实际使用用途。

（4）建筑高度。住宅高度通常按照层数来划分的；公共建筑及综合性建筑通常是按照总高度来划分的 [具体分类见第二章第一节，第二部分第（一）点，房屋建筑的分类]。

（5）层高或室内净高。层高是指上下两层楼面或楼面与地面之间的垂直距离。室内净高是指楼面或地面至上部楼板底面或吊顶底面之间的垂直距离。净高 = 层高 - 楼板厚度。

（6）建筑结构。建筑结构是指建筑物中由承重构件（基础、墙体、柱、梁、楼板、屋架等）组成的体系。一般分为钢结构、钢筋混凝土结构、砖混结构、砖木结构、简易结构。以组成建筑结构的主要建筑材料来划分，可分为钢结构、混凝土结构（包括素混凝土结构、钢筋混凝土结构和预应力混凝土结构等）、砌体结构（包括砖机构、石结构和其他材料的砌块结构）、木结构、塑料结构、薄膜充气结构。以组成建筑结构的主要结构形式来划分，可分为墙体结构、框架结构、深梁结构、筒体结构、拱结构、网架结构、空间薄壁结构（包括折板结构）、悬锁结构、舱体结构。

（7）设施设备。说明给水、排水、采暖、通风与空调、燃气、电梯、电气等设施设备的配置情况（有或无）及性能。

（8）装饰装修。说明是毛坯还是粗装修、精装修。对于有装饰装修的，还要说明外墙面、内墙面、顶棚、室内地面、门窗等部位的装饰装修标准和标度，所用材料或饰物的质量以及装饰装修工程施工质量等。

（9）通风、保温、隔热、隔声、防水等情况。

（10）房龄（或竣工日期、建成年月、建成年份、建成年代）和设计使用年限。由此还可说明建筑物的年龄（已使用年限）和剩余寿命（剩余使用年限）。

（11）外观。说明外立面风格等，并附外观照片来说明。

2. 房屋实物状况实地查看的注意事项

（1）若房屋为一层，要注意下水是否畅通，或者有没有异味。如果一层是独立下水，查看二层房屋时，要关注下水是否畅通。若是顶层，要注意是否有漏雨的痕迹。对于老小区，还要注意小区墙面是否渗水、脱离等。

（2）看房顶是否有漏水。看完客厅的地板、浴厕的瓷砖、厨房，还要看看灯饰的路线，看一下天花板是否有水渍，或是漆色不均匀的现象。如果有，表示可能存在漏水。如果可能，看一下吊顶里的四角是否有油漆脱落、漏水等情况。

（3）户型是否方正。判断户型是否方正适用，有以下5条标准可以参考：各个房间和功能区域的形状是方正的矩形；面宽大进深小；没有暗间；房间大小适中；在房间里活动的人，行动不会互相干扰。

（4）对于采光，要分两个层次：一是各房间是否为全明格局，即每个房间是否有窗；二是阳光直射时间的长短。

（5）专注电梯质量。电梯故障和事故时有发生，这不仅给人们的生活带来不便，而且还威胁到人们的人身安全。因此，看房时要仔细查看该楼盘所用电梯的品牌、载重量、使用年限、是否有国家颁发的合格证书等。

（三）房屋物业管理状况实地查看

1. 房屋物业管理状况实地查看的内容

（1）物业服务企业的名称。房地产经纪人员应记录物业服务企业的名称、资质等。之后还应查阅资料，看该企业是否为国家或省级、城市知名物业服务企业，曾经是否获得过奖励或者荣誉称号。

（2）物业服务费标准和服务项目。房地产经纪人员应询问房地产权利人或者物业服务企业工作人员，服务费的标准是多少，服务项目具体包括哪些。

（3）基础设施的维护情况和周边环境的整洁程度。房地产经纪人员应查看门厅、楼梯等共用部位和电梯等共用设施设备的维护情况，查看房道、小区道路和周边环境的整洁程度，查看小区花草树木的养护程度等。

2. **房屋物业管理状况实地查看的注意事项**

（1）亲身感受物业管理的质量。有经验的看房人能从小区保安说话、走路、站姿等方面看出这个小区的物业属于好、中、差哪一类。

（2）在进入小区后留意小区楼栋墙上、楼梯、电梯间是否有乱刻乱画或小广告；查看有电梯的楼房，乘坐电梯时留意电梯是否有老化运行的问题；小区里人车是否分流等。

（3）观察雨后情形。下雨的时候去周围观察一下，看看小区的排水系统如何。

（4）注意晚上的情形。入夜看房能考察小区物业管理是否重视安全、有无定时巡逻，安全防范措施是否周全，有无摊贩等产生噪音干扰等。这些情况在白天是无法看到的，只有晚上才能获得最准确的信息。

三、编制房屋状况说明书

（一）编制房屋状况说明书的作用

房屋状况说明书是由房地产经纪机构编制的，说明房屋实物状况、权益状况、物业管理状况、区位状况及房屋交易条件的文书。编制房屋状况说明书，能更加系统、全面、详细反映房屋状况。这对房地产经纪机构有着重要的意义，主要表现在以下几点。

1. **提升房地产权利人对经纪服务的认同**

编制房屋状况说明书，把房屋状况详细记录下来，使房地产权利人感受到房地产经纪人员是真正为其服务，不是仅仅只有"嘴上功夫"，还有认识房地产物质实体的技能。

2. **提升客户对经纪服务的信赖**

当房地产经纪人员将房屋状况说明书递交客户时，会使客户觉得房地产经纪人员确实在认真对待其所从事的房地产经纪业务。

3. **防范房地产交易有关纠纷**

房屋状况说明书实质就是"产品说明书"，不仅说明了房屋自身状况，还包括了家具、家电等附属设施设备。这有利于统一交易双方对交易标的的认知，防范房地产交易有关纠纷的发生。

4. 积累房地产基础数据

编制房屋状况说明书有助于房地产经纪机构积累房地产基础数据，建立数据库。在我国房地产数据公开性差的现状下，这些数据积累到了一定程度将会发挥较大的作用。

(二) 房屋状况说明书的内容与参看样式

1. 房屋状况说明书的内容

房屋状况说明书包含 5 个方面的内容：房屋实物状况、房屋权益状况、房屋区位状况、物业管理状况、房屋交易信息。为了直观、简要说明房屋这 5 个方面的内容，可以采用表格形式，并附户型图、位置示意图、内外观照片、周围环境和景观照片等。上述房屋权益状况要根据房地产登记部门查询的情况填写，房屋交易信息要根据实际询问的情况填写。

2. 房屋状况说明书的参考演示

房屋状况说明书参考如表 2-3 所示。

表 2-3 房屋状况说明书参考样式

实物状况	委托交易的房屋名称			
	户型			
	建筑面积		使用面积	
	规划用途		实际用途	
	层高或室内净高		建筑结构	
	设施设备		装饰装修	
	建成年份		其他情况	
权益状况	土地所有权性质		土地使用权性质	
	土地使用期限 (年)		起止日期	
	房屋所有权人		完全产权还是部分产权	
	单独所有还是共有		按份共有还是共同共有	
	共有人享有的份额		有无出租、占有	
	承租人、租赁期限及起止日期		租金水平	
	权属是否有争议		是否被查封	
	他项权利设立情况		其他情况	

续表 2-3

	坐落			
区位状况	所在楼层和总层数			
	朝向			
	临街状况			
	教育设施			
	商业服务设施			
	金融邮电设施			
	医疗卫生设施			
	科技文化设施			
	自然环境状况			
	人文环境状况			
	景观状况			
	有无污染			
	停车方便程度			
	可利用的交通工具		道路畅通状况	
物业管理状况	物业服务企业名称			
	物业服务费标准			
	安全保卫状况			
	小区环境			
	停车管理状况			
	楼道整洁状况			
	其他状况			
交易信息	出售还是出租		交易价格	
	付款方式		税费承担方式	
	委托交易时间		房屋可交付时间	
	交易附带家具设备			

户型图	位置图

查看人		查看日期	
编制人		编制日期	

（三）编制房屋状况说明书的注意事项

房屋状况说明书是交易房屋现状的重要参考依据，房地产经纪机构在编制房屋现状说明书时，需要注意下列事项：

第一，根据自己亲自查看的情况，真实描述、详细记录房屋状况和信息。对自己拿不准的事项，应进一步核实；对自己努力后仍然不能核实的，要在《房屋状况说明书》中注明。

第二，房屋权益状况、房屋交易信息是房地产经纪人员根据权利人提供的资料或说明编写的，但要到登记部门核实权益状况是否真实。

第三，房屋状况说明书应及时更新。房屋实物状况、房屋区位状况、房屋物业管理状况，在一段时间是固定的，但房屋交易条件受市场情况影响，是房屋权利人决定的，变化比较频繁，房地产经纪人员应根据实际情况及时更新房屋状况说明书。

第四节　房地产经纪服务合同

一、房地产经纪服务合同的含义和作用

（一）房地产经纪服务合同的含义

房地产经纪服务合同，是指房地产经纪机构和委托人之间就房地产经纪服务事宜订立的协议。房地产经纪服务合同是房地产经纪机构与委托人之间约定权利义务的书面文件，是经纪机构开展经纪活动的必备条件。实践中，大多数房地产经纪服务纠纷都是因为没有签订房地产经纪服务合同，或者没有使用规范的合同文本，没有对对方的权利义务做出明确、详尽的约定导致。

（二）房地产经纪合同的作用

签订房地产经纪服务合同，对房地产经纪机构、房地产经纪人员以及委托人都具有非常重要的意义。

1. 确立了房地产经纪机构与委托人之间的委托关系

委托关系建立后，房地产经纪机构和委托人的行为就受到《合同法》《民法通则》《房地产经纪管理法》等法律法规的约束。

2. 明确了房地产机构和委托人的权利和义务

签订房地产经纪服务合同以后，当事人应当按照合同的约定全面履行自己的义务，非依法律规定或者取得对方同意，不得擅自变更或者解除合同。如果一方当事人未取得对方当事人同意，擅自变更或者解除合同，不履行合同义务或者履行合同义务不符合规定，守约方可向法院起诉，要求违约方继续履行合同、承担违约责任。

3. 建立了房地产经纪机构和委托人之间解决纠纷和争议的机制

在房地产经纪活动中，房地产经纪机构和委托人由于某些认知的差异，难免产生纠纷和争议。签订了房地产经纪服务合同，双方可以依照合同约定处理纠纷和争议，避免产生更大的矛盾。

二、房地产经纪服务合同的主要类型

根据房地产经纪服务的方式或内容，房地产经纪服务合同有不同类型。常见的分类有两种。

1. 按照提供房地产经纪服务的方式分类

房地产经纪机构提供经纪服务的方式有居间服务和代理服务。现阶段，我国存量房经纪服务主要是居间服务，新建商品房经纪服务主要是代理服务。针对这两种服务方式，可以签订房地产居间合同和房地产代理合同。实践中，房地产居间合同一般由交易双方及提供经纪服务的房地产经纪机构三方签订，房地产代理合同由委托人和经纪机构双方共同签订。

2. 按照委托的事项或服务内容分类

按委托人委托的事项或要求提供的服务，房地产经纪服务合同可以分为房屋出售经纪服务合同、房租出租经纪服务合同、房屋承购经纪服务合同和房屋承租经纪服务合同。

房屋出售经纪服务合同，是指房地产经纪机构和房屋权利人之间就委托出售房屋有关事宜订立的协议；房屋出租经纪服务合同，是指房地产经纪机构和房屋权利人之间就委托出租房屋有关事宜订立的协议；房屋承购经纪服务合同，是指房地产经纪机构和房屋承购人之间就委托购买房屋有关事宜订立的协议；房屋承租经纪服务合同，是指房地产经纪机构和房屋承租人之间就委托承租房屋有关事宜订立的协议。

三、房地产经纪服务合同的主要内容

房地产经纪服务合同的主要内容有以下几点。

1. 委托人基本情况

委托人是自然人，需标明自然人的姓名、身份证号、通信地址等；委托人是法人的，则需标明法人的名称、营业执照号和住所，法人委托代理人来签约的，还应写明签约人的身份信息。承办业务的房地产经纪人员的信息包括姓名、身份证号码、登记号或备案号等。

2. 委托事项

委托事项是指委托人委托房地产经纪机构办理的事项，如出售或出租某套房屋，承购或承租符合某种条件的房屋等。

房地产经纪机构应当指派具有职业资格的房地产经纪人员具体办理委托事项，并注明承办人的姓名、身份证件号码、职业资格等级或备案号码。

3. 房地产经纪服务的内容、要求以及完成标准

房地产经纪服务项目通常包含三项，即提供房地产交易信息、带领客户实地看房和代拟房地产交易合同。签订书面房地产经纪服务合同可以对提供房地产交易信息、实地看房、代拟合同等房地产经纪服务的基本内容进一步细化。提供房地产交易信息服务包括提供相关的房地产市场信息及房源、客源信息，进行房地产交易政策咨询等；实地看房包括接受房源委托后的看房、制作房屋状况说明书、带领客户看房等服务；代拟合同也称代书，包括交易条件谈判、议价撮合、协助订立房地产交易合同等。

对房地产经纪机构和房地产经纪人员来说，房地产经纪服务的基本要求包括及时披露和告知房地产交易相关信息、维护委托人的合法权益等；对委托人来说，房地产经纪服务的基本要求包括提供必要的资料，在实地看房和办理相关手续时给予必要协助等。

4. 服务费用及其支付方式

服务费用就是房地产经纪机构提供房地产经纪服务应得的服务报酬，由佣金和代办服务费两部分构成。房地产经纪服务完成并达到约定的服务标准，房地产经纪机构才可以收取服务报酬。一般情况下，房地产经纪服务的完成以房地产交易合同的签订为标志，房地产交易合同订立后就可以收取佣金；代办服务费用的收取标准和时间由当事人自行约定。房地产经纪服务费用的支付可以是一次性支付或者分阶段支付。

依据《合同法》的相关规定，房地产经纪机构未完成约定服务事项的，不得要求

委托人支付服务报酬，但可以依据约定要求委托人支付经纪服务过程中支出的必要费用，必要费用不得高于房地产经纪服务收费标准，具体收费额度双方协商议定。房地产买卖、租赁过程中，涉及政府规定应由委托人支付的税、费，但由房地产经纪机构代收代缴的费用，不包含在房地产经纪服务费用中。服务过程中涉及支付给第三方的费用，如权属信息查询费、评估费等，也可在房地产经纪服务合同中约定。

5. 合同当事人的权利和义务

委托人的义务一般包括提供真实材料、协助看房及配合核验产权、支付费用；权利一般包括房屋信息的知情权、获得经纪服务、获取房源或者房款。房地产经纪机构的义务一般包括及时报告、尽职尽责、保守秘密、风险提示等，权利一般包括拒绝违法违规行为、报酬请求权等。

6. 违约责任和纠纷解决方式

房地产经纪服务合同的违约责任可以定金或者违约金的形式约定，定金或违约金的数额由双方约定，但定金数额不应超过房屋交易价款的20%。

纠纷解决方式是指合同当事人解决合同纠纷的手段和途径，当事人应当在合同中明确约定解决合同争议或纠纷的具体途径，如通过相关部门调节、仲裁、司法诉讼等。当事人没有做出明确约定的，可以通过诉讼方式解决合同纠纷。

7. 履行期限

履行期限是指合同中规定的当事人履行自己的义务如交付标的物、价款或者报酬，完成工作的时间界限。在独家委托合同中，约定履行期限非常重要。交易当事人只委托一家房地产经纪机构提供经纪服务，如果不约定履行期限，房地产经纪机构就缺少紧迫感，可能导致房屋成交过慢。

8. 履行方式

履行方式是指当事人履行合同义务的具体做法。履行方式与当事人的利益密切相关，应当从便捷性、可操作性、可信度等方面充分考虑，采取最优履行方式，并且在合同中明确规定。

四、签订房地产经纪服务合同的注意事项

（一）签订房地产经纪服务合同的常见错误

在签订房地产经纪服务合同中常见的错误主要包括如下几点。

1. 证件信息填写有误

例如，姓名或名称、身份证号码或营业执照号码、住址、房屋所有权人、共有人、房屋坐落和面积等信息不一致。为了避免这类常见错误，房地产经纪人员应仔细核对委托人提供的原始资料。

2. 合同服务内容未明确界定

房地产经纪机构和委托人往往由于各自知识和经营的不同，对经纪服务内容的认知往往也不同。在合同中为明确界定服务内容或服务内容，界定过于笼统，双方容易产生矛盾。

3. 合同有效期未标明

合同的有效期限是指合同从生效到废止的这段时间。在独家代理合同中要约定有效期，否则很容易发生经纪业务交叉的情形，产生不必要的纠纷。

4. 格式合同空白处留白

格式合同的空白处一般是需要双方协商沟通的条款，房地产经纪人员应向委托人说明。若委托人对空白处没有意见，房地产经纪人员应将空白处划掉。

（二）房地产经纪服务合同的风险防范

1. 签订合同前要充分协商

房地产经纪人员要向委托人解释清楚房地产经纪服务的有关条款，对于服务事项、服务费用标准、费用支付节点、违约责任等关键内容在签订合同前应进行充分协商，双方对各项主要事项达到一致的情况下，才能签订合同。例如，对于新建商品房出售经纪服务，要重点协商销售时间、销售数额、奖惩条件、广告方案的确定权等条款；对于存量房出售经纪服务，除了基本的服务事项外，还要协商是否承担代办服务，代办服务的完成标准及收费标准等。

2. 使用规范的合同文本

实践中，很多房地产经纪机构使用自己提供的经纪服务合同格式文本，这种文本很容易因合同不规范造成纠纷，在这种情况下，法院首先保护经纪服务委托人的利益。为了减少房地产经纪服务合同纠纷，应积极推广和应用我国房地产管理部门和房地产经纪行业组织制定的房地产经纪服务合同示范文本。经纪机构如需使用自己制定的合同文本，建议在参考示范文本的基础上进行细化或补充。

3. 明确经纪服务合同履行与交易合同履行的关系

房地产经纪基本服务完成的标志是房地产交易合同的签订，但签订交易合同并不意味着交易能顺利完成，现实中可能存在两种情况导致交易无法进行。一是因交易双方违约导致交易合同不能履行，这种情况下，经纪服务合同仍要履行，经纪机构不必退还服务费用；二是因交易双方隐瞒有关信息或经纪机构未尽到审查义务导致房屋交易合同无效，经纪机构须退还经纪服务费用。这些情况在房地产经纪服务合同中要进行约定。

4. 尽到积极调查审核的义务

实践中，一些经纪机构受高额佣金利益的驱动，对有利于促进交易的信息往往主动报告，而对不利于交易的瑕疵信息，不愿主动报告。如果房地产经纪机构未做到积极调查、审核、如实报告的义务，即使房地产经纪服务合同未对这些义务做明确约定，一旦发生交易纠纷，房地产经纪机构也要承担相应的责任。

第三章　存量房租赁居间业务

第一节　房屋租赁市场概述

一、房屋租赁市场的类型

（一）按房屋用途划分

1. 住宅租赁市场

房地产可划分为住宅和非住宅两类。住宅是十分明确而单一的个人生活性消费资料，不管其如何千变万化，都应具有卧室、客厅、厨房、卫生间等基本内容。城市住房租赁市场拥有较大发展空间，但相比于火热发展的住房买卖市场，当前住房租赁市场仍处于发展阶段。

2. 非住宅租赁市场

非住宅房地产是房地产范畴中住宅之外的所有房产。非住宅租赁市场主要是生产经营性房屋租赁所形成的市场。

（二）按照租赁目的划分

1. 自住租赁市场

自住租赁是指承租人在租赁期间自己使用租赁的房屋的行为。

2. 转租用于投资租赁市场

转租用于投资租赁是指承租人在租赁期间将其承租房屋的部分或者全部再出租的房屋租赁。将租赁房转租给第三人，承租人经出租人同意，且原租赁合同继续有效。近年来，出现爆发式增长的"长租公寓"，本质上讲就是转租用于投资租赁。"长租公寓"扮演的就是"二房东"角色，通常由资本方租下整栋物业进行经营，装修配备之后以公寓品牌对外出租。

(三) 按租赁期长短划分

1. 短期租赁市场

房屋短期租赁即近年兴起的"短租房"，又名"移动公寓""日租公寓""自助公寓""日租房"，是将房屋短期出租给客人的一种租赁形式，传统意义上称为"家庭旅馆"。"短租房"提供从一日起到几个月的租赁服务，时间灵活、租住方便。近几年，由于市场需求旺盛，国内很多城市也出现了形形色色的短租房。尤其在一些旅游城市，短租房专门为商旅出差、旅游人群提供不亚于酒店的专业服务。

2. 长租租赁市场

房屋长租租赁时间一般为半年到几年不等，是传统的房屋租赁市场。

二、房屋租赁市场的特点

(一) 租赁价格相对稳定

城市房屋租赁市场相对于房屋买卖市场而言是一个"蓄水池"，部分闲置的房屋能够通过房屋租赁市场而获得充分利用。租赁市场中房屋的供给量又容易通过房屋买卖市场进出，所以总体上说，与房屋买卖价格相比，房屋租赁价格比较稳定。

(二) 季节性变化明显

承租房屋的行为通常具有短期性的特点，如在住房租赁市场中，承租方多为没有本市户籍的流动居民，这部分人往往收入低、流动性大，通过租赁住房解决在城市里的居住问题。住房租赁市场常随城市用工量等因素呈现季节性变化。

(三) 交易更为频繁

房屋出租在城市、城市郊区乃至乡镇，都是十分普遍的现象，且呈现出快速发展的态势。随着房价的攀升，个人出租房屋取得的收益也是水涨船高，有很大比例的人群由于家庭、工作等方面的原因，以及经济利益的驱使，为让房屋增值、保值，提前把房屋购买下来，将房屋出租。房屋租赁市场显现出交易更为频繁的特点。

（四）属地区性市场

房屋租赁市场规模、价格水平、供求状况、价格走势等因房屋所处不同地区而存在较大差异，是地区性市场。例如，人口流动量大的城市房屋租赁市场就相对活跃。

三、房屋租赁经纪业务

房屋租赁业务是房地产经纪人员的主要业务之一，一般按以下流程进行：搜寻租赁房屋的房源和客源信息→实地看房→洽谈租赁合同→签订房屋租赁合同→支付房租和押金→交验房屋→房屋租赁合同备案等。在寻找房源和实际看房过程中，房地产经纪人员不仅要注意房屋自身状况，也要注意考察房屋周边环境。就住宅而言，要查看影响居住的生活条件，如住宅周边购物、娱乐、交通是否便利，住宅屋内设施是否齐全、状况是否良好及有无安全隐患。

（一）存量房租赁居间业务

存量房租赁居间业务与租赁代理业务流程大体相似，只是居间业务更多的是撮合交易双方达成业务。在客户接待与房屋租赁价格谈判及租赁合同签订环节稍有差别：第一，在客户接待环节，房地产经纪人员的服务对象不仅包括承租方，而且包括出租方，经纪人的职责是促成租赁双方交易的顺利完成；第二，在房屋租赁价格谈判及租赁合同签订环节，房地产经纪人同时代表了出租方与承租方的利益，而不是只站在单方的立场，积极撮合租赁双方达成交易。居间业务签订的是房屋居间委托合同，由交易双方和房地产经纪机构三方共同签署。

（二）存量房出租和承租代理业务

存量房出租和承租代理业务的流程大体一致，只是在出租代理业务中，房地产经纪人员更应注意出租房产权、质量、安全和环境方面的查验，而在存量房承租代理业务中，房地产经纪人则要注意对与承租者需求匹配房屋信息的搜集，考察承租人的支付能力。大体包括客户接待、房屋租赁代理业务洽谈、房屋查验、信息搜集与传播、陪同看房、房屋租赁价格谈判及租赁合同签订、佣金结算等7个步骤。

第二节 房屋租赁管理规定

一、房屋出租条件

原则上，除法律法规明确不得出租的房屋外，公民、法人或其他组织对享有所有权的房屋和国家授权管理、经营的房屋均可以依法出租。可以出租的房屋分为两大类，第一类是公民、法人或其他组织享有所有权的房屋，这些房屋是租赁房源的主体。第二类是国家授权管理、经营的房屋，这些房屋也可依法出租，但数量相对较少。《商品房屋租赁管理办法》规定，下列房屋不得出租。

1. 属于违法建筑的房屋

违法建筑是指未经规划、土地主管部门批准，未领取建设工程规划许可证或临时建设工程规划许可证，擅自建筑的建筑物和构筑物。违法建筑包括：占用已规划为公共场所、公共设施用地或公共绿化用地的建筑，不按批准的设计图纸施工的建筑，擅自改建、加建的建筑物，农村经济组织的非农建设用地或村民自用宅基地非农建设用地或村民自用宅基地非法转让新建的建筑，农村经济组织的非农业用地或村民自用宅基地违反城市规划或超过市政府规定标准的建筑，擅自改变工业厂房、住宅和其他建筑物使用功能的建筑，逾期未拆除的临时建筑，违反法律、法规有关规定的其他建筑。城市中最常见的违法建筑就是平房或者楼房的一层私搭乱建的各种建筑。

2. 不符合安全、防灾等工程建设强制性标准的房屋

国家房屋的安全、防灾都有强制性规定，明确规定出租房屋的建筑结构和设备设施，应当符合建筑、消防、治安、卫生等方面的安全条件，不得危及人身安全。

3. 违反规定改变房屋使用性质的房屋

房屋使用性质就是规划用途，如住宅不能作为商业用房出租，独立的厨房和厕所不能作为单独的房间出租供人居住。

4. 法律、法规规定禁止出租的其他情形的房屋

除上述不得出租的房屋情形，还有一些特殊性质或特殊情况的房屋也属于法律、法规规定禁止出租的。例如，经济适用住房、公用租赁住房是国家解决中低收入人群的住

房困难而采取的保障性措施，出租经济适用住房或者转租公用租赁住房则属于经营范畴。《商品房租赁管理办法》规定，出租住房的，应当以原设计的房间为最小出租单位，人均居住面积不得低于当地人民政府规定的最低标准。厨房、卫生间、阳台和地下室不得出租工人员居住。

二、房屋转租条件

房屋转租一般是指商品房屋转租，是房屋承租人将承租的商品房屋再出租的行为。转租条件要符合以下几点：

第一，转租的房屋必须合法，禁止出租房屋的情形也适用于转租的房屋。

第二，须经出租人书面同意。承租人转租房屋的，应当经出租人书面同意。承租人未经出租人书面同意转租的，出租人可以解除房屋租赁合同，收回房屋并要求承租人赔偿损失。

第三，转租期限不得超过原合同规定的期限。承租人经出租人同意将租赁房屋转租给第三人时，转租期限不得超过原房屋租赁合同剩余期限，但出租人与转租人双方协商一致的除外。除上述规定外，房屋转租也须签订转租协议，并办理登记备案手续。

第四，转租效力。承租人转租的，承租人与出租人之间的房屋租赁合同继续有效，第三人对租赁物造成损失的，承租人应当赔偿损失。承租人未经出租人同意转租的，出租人可以解除合同。

三、房屋租赁合同备案

《城市房地产管理法》第五十四条规定："房屋租赁，出租人和承租人应当签订书面租赁合同，约定租赁期限、租赁用途、租赁价格、修缮责任等条款，以及双方的其他权利和义务，并向房地产管理部门登记备案。"《商品房租赁管理办法》第十四条规定："房屋租赁合同订立后三十日内，房屋租赁当事人应当到租赁房屋所在地直辖市、市、县人民政府房地产主管部门办理房屋租赁登记备案。"

（一）房屋租赁登记备案材料

房屋租赁当事人办理房屋租赁登记备案，应当提交下列材料：

（1）房屋租赁合同。

（2）房屋租赁当事人身份证明。

（3）房屋所有权证书或者其他合法权属证明。

（4）直辖市、市、县人民政府建设（房地产）主管部门规定的其他材料。

房屋租赁当事人提交的材料应当真实、合法、有效，不得隐瞒真实情况或者提供虚假材料。房屋租赁当事人可以书面委托他人代为办理房屋租赁登记备案。

（二）房屋租赁登记备案办理

对房屋租赁当事人提交的材料齐全并且符合法定形式、出租人与房屋所有权证书或者其他合法权属证明记载的主体一致、不属于《商品房屋租赁管理办法》规定不得出租的房屋的，直辖市、市、县人民政府建设（房地产）主管部门应当在三个工作日内办理房屋租赁登记备案，向租赁当事人开具房屋租赁登记备案证明。申请人提交的申请材料不齐全或者不符合法定形式的，直辖市、市、县人民政府建设（房地产）主管部门应当告知房屋租赁当事人需要补正的内容。

（三）房屋租赁登记备案证明

房屋租赁登记备案证明内容包括：出租人姓名（名称）、承租人姓名（名称），有效身份证件种类和号码、出租房屋的坐落、租赁用途、租金数额、租赁期限等。房屋租赁登记备案证明遗失的，应当向原登记备案部门补领。

房屋租赁登记备案内容发生变化，续租或租赁终止的，当事人应当在三十日内，到原租赁登记备案的部门办理房屋租赁登记备案的变更、延续或者注销手续。

（四）房屋租赁登记备案信息系统

按照《商品房屋租赁管理办法》要求，直辖市、市、县房地产主管部门应当建立房屋租赁登记备案信息系统，逐步实行房屋租赁合同网上登记备案，并纳入房地产市场信息系统。房屋租赁合同网上备案是指建设（房地产）主管部门利用互联网平台，将现实场景中的房屋租赁合同登记备案，以信息化虚拟手段在网上实现。房屋租赁登记备案记载的信息内容应当包括：

（1）出租人的姓名（名称）、住所。

（2）承租人的姓名（名称）、身份证件种类和号码。

（3）出租房屋的坐落、租赁用途、租金数额、租赁期限。

（4）其他需要记载的内容。

（五）房屋租赁登记备案效力

最高人民法院《关于审理城镇房屋租赁合同纠纷案件具体应用法律若干问题的解释》第四条规定：当事人以房屋租赁合同未按照法律、行政法规规定办理登记备案手续为由，请求确认合同无效的，人民法院不予支持。可见，未办理房屋登记备案的不影响合同的效力。房屋租赁合同为诺成合同，只要双方当事人就主要内容达成一致，合同即成立。出租人交付房屋，承租人交付租金，合同即生效。尽管房屋租赁合同不以登记备案为生效条件，但根据《关于审理城镇房屋租赁合同纠纷案件具体应用法律若干问题的解释》的规定，出租人就同一房屋订立数份租赁合同，在合同均有效的情况下，承租人均主张履行合同的，除承租人已经合法占有租赁房屋的外，已经办理登记备案手续的房屋租赁合同优先于成立在先的房屋租赁合同。例如，王某先后与张某、李某签订了同一套住宅的房屋租赁合同。其中，与李某签订的房屋租赁合同办理了登记备案手续。张某与李某均主张租赁该房屋，虽然王某与张某签订的房屋租赁合同在先，但是由于王某与李某签订的房屋租赁合同已在建设（房地产）主管部门备案，所以李某有优先权。通过建设（房地产）主管部门办理房屋租赁合同登记备案，可以更好地维护房屋租赁当事人的合法权益，尤其是有利于保护承租人"优先购买权""优先承租权""买卖不破租赁"等权益。

四、房屋租赁的禁止行为

（一）出租人的禁止行为

（1）违反规定分割出租。出租住房的，应当以原设计的房间为最小出租单位，人均租住建筑面积不得低于当地人民政府规定的最低标准。

（2）厨房、卫生间、阳台和地下储藏室出租供人员居住。

（3）将经济适用住房、廉租住房出租或转租给他人使用。

（4）在房屋租赁合同期内，出租人单方面随意提高租金水平。

（5）企事业单位、个人将非居住用房出租给他人居住使用。

（二）承租人的受限行为

（1）保障性住房转租（具体来说，就是购买经济适用住房和限价房不能用于出租，公共租赁住房和廉租住房承租人也不能转租）。

（2）违反租赁用途和使用要求使用房屋。

（3）擅自改动房屋承重结构和拆改室内设施。

（4）损害其他业主和使用人的合法权益。承租人因使用不当等原因造成承租房屋和设施损坏的，承租人应当负责修复或者承担赔偿责任。

（5）利用出租房屋进行各类违法犯罪活动。

五、处理房屋租赁纠纷的规定

（一）房屋租赁合同无效的认定

出租人就未取得建设工程规划许可证或者未按照建设工程规划许可证规定建设的房屋，与承租人订立的租赁合同无效。但在一审法庭辩论终结前取得建设工程规划许可证或者经主管部门批准建设的，人民法院应当认定有效。出租人就未经批准或者未按照批准内容建设的临时建筑，与承租人订立的租赁合同无效。但在一审法庭辩论终结前经主管部门批准建设的，人民法院应当认定有效。租赁期限超过临时建筑的使用期限，超过部分无效。但在一审法庭辩论终结前经主管部门批准延长使用期限的，人民法院应当认定延长使用期限内的租赁期间有效。

当事人以房屋租赁合同未按照法律、行政法规规定办理登记备案手续为由，请求确认合同无效的，人民法院不予支持。当事人约定以办理登记备案手续为房屋租赁合同生效条件的，从其约定。但当事人一方已经履行主要义务，对方接受的除外。房屋租赁合同无效，当事人请求参照合同约定的租金标准支付房屋占有使用费的，人民法院一般应予支持。

（二）房屋租赁合同的解除

承租人擅自变动房屋建筑主体和承重结构或者扩建，在出租人要求的合同期限内仍不予恢复原状，出租人请求解除合同并要求赔偿损失的，人民法院依照《合同法》第二百一十九条的规定处理。

因下列情形之一，导致租赁房屋无法使用，承租人请求解除合同的，人民法院应予支持：①租赁房屋被司法机关或者行政机关依法查封的；②租赁房屋权属有争议的；③租赁房屋具有违反法律、行政法规关于房屋使用条件强制性规定情况的。

（三）租赁房屋装修纠纷处理

承租人经出租人同意装饰装修，租赁期限届满或者合同解除时，除当事人另有约定外，未形成符合的装饰装修物，可由承租人拆除。因拆除造成房屋毁损的，承租人应当恢复原状。承租人经出租人同意装饰装修，合同解除时，双方对已形成符合的装饰装修物的处理没有约定的，人民法院按照下列情形分别处理：①因出租人违约导致合同解除，承租人请求出租人赔偿剩余租赁期内的装饰装修残值损失的，应予支持；②因承租人违约导致合同解除，承租人请求出租人赔偿剩余租赁期内装饰装修残值损失的，不予支持。但出租人同意利用的，应在利用价值范围内予以适当补偿；③因双方违约导致合同解除，剩余租赁期内的装饰装修残值损失，由双方根据各自的过错承担相应的责任；④因不可归责于双方的事由导致合同解除的，剩余租赁期内的装饰装修残值损失，由双方按照公平原则分担。法律另有规定，适用其规定。

承租人经出租人同意装饰装修，租赁合同无效时，未形成符合的装饰装修物，出租人同意利用的，可折价归出租人所有；不同意利用的，可由承租人拆除。因拆除造成房屋毁损的，承租人应当恢复原状。已形成符合的装饰装修物，出租人同意利用的，可折价归出租人所有；不同意利用的，由双方各自按照导致合同无效的过错分担现值损失。

承租人经出租人同意装饰装修，租赁期限届满时，承租人请求出租人补偿符合装饰装修费用的，不予支持。但当事人另有约定的除外。承租人未经出租人同意装饰装修或者扩建发生的费用，由承租人负担。出租人请求承租人恢复原状或赔偿损失的，人民法院应予支持。承租人经出租人同意扩建，但双方对扩建费用的处理没有约定的，人民法院按照下列情形分别处理：①办理合法建设手续的，扩建造价费用由出租人承担；②办理合法建设手续的，扩建造价费用由双方按照过错分担。

（四）租赁房屋转租处理

承租人经出租人同意将租赁房屋转租给第三人时，转租期限超过承租人剩余租赁期限的，人民法院应当认定超过部分的约定无效，但出租人与承租人另有约定的除外。出租人知道或者应当知道承租人转租，但在六个月内未提出异议，其以承租人未经同意为由请求解除合同或者认定转租合同无效，人民法院不予支持。因租赁合同产生的纠纷案件，人民法院可以通知次承租人请求代承租人支付的租金和违约金以抗辩出租人合同解除权的，人民法院应予支持，但转租合同无效的除外。次承租人代为支付的租金和违约金超出其应付的租金数额，可以折抵租金或者向承租人追偿。房屋租赁合同无效，履行期限届满或者解除，出租人请求负有腾房义务的次承租人支付逾期腾房占有使用费的，人民法院应予支持。

【思考题】 王某承租李某的住房，房屋租赁合同约定的租期为3年。租期届满前1年，经李某同意，王某将该住房转租给张某。王某可将住房转租给张某（　　　）年。

A. 1　　　　B. 2　　　　C. 3　　　　D. 4

（五）承租人优先权的保护

承租人租赁房屋用于以个体工商户或者个人合伙方式从事经营活动，承租人在租赁期间死亡、宣告失踪或者宣告死亡，其共同经营人或者其他合伙人请求按照原租赁合同租赁该房屋的，人民法院应予支持。

租赁房屋在租赁期间发生所有权变动，承租人请求房屋受让人继续履行原租赁合同的，人民法院应予支持。但租赁房屋具有下列情形或者当事人另有约定的除外：①房屋在出租前已设立抵押权，因抵押权人实现抵押权发生所有权变动的；②房屋在出租前已被人民法院依法查封的。例如，刘某将房屋抵押给甲银行贷款40万元，半年后又将该房屋抵押给乙银行贷款15万元。在抵押期间，未经甲、乙银行同意，刘某便将该房屋出租给陈某，但抵押事实书面告知了陈某。债务履行期限届满，刘某无能为力归还贷款，与陈某约定的房屋租赁期限也尚未届满。刘某与陈某签订的该房屋租赁合同不因未征得甲、乙银行同意而无效。但在抵押权实现后，因刘某已将抵押事实书面告知了陈某，该房屋租赁合同对受让人无约束力，陈某如有损失，刘某不予赔偿。

出租人出卖租赁房屋应在合同期限内通知承租人或者存在其他侵害承租人优先购买权的情形，承租人请求出租人承担赔偿责任的，人民法院应予支持。但请求确认出租人与第三人签订的房屋买卖合同无效的，人民法院不予支持。出租人与抵押权人协议折价、变卖租赁房屋偿还债务，应当在合同期限内通知承租人。承租人请求以同等条件优先购买房屋的，人民法院应予支持。出租人委托拍卖人拍卖租赁房屋，应当在拍卖五日前通知承租人。承租人未参加拍卖的，人民法院应当认定承租人放弃优先购买权。

具有下列情形之一，承租人主张优先购买房屋的，人民法院不予支持：①房屋共有人行使优先购买权的；②出租人将房屋出卖给近亲属，包括配偶、父母、子女、兄弟姐妹、祖父母、外祖父母、孙子女、外孙子女的；③出租人履行通知义务后，承租人在十五日内未明确表示购买的；④第三人善意购买租赁房屋并已经办理登记手续的。

第三节　存量房租赁居间业务流程

存量房租赁居间的具体流程与存量房买卖居间经纪业务大致相同，只是缺少代办抵押贷款、交易资金监管和房屋转移登记手续等环节。

一、委托阶段

（一）搜集房地产交易信息

存量房租赁经纪业务房源信息是指出租客户委托房地产经纪机构和经纪人员出租的房屋的信息，包括出租方的信息和委托出租房屋的信息两个部分。存量房租赁经纪业务客源信息是指委托求租房屋相关的信息，包括承租方的信息及其需求意向的信息。房地产经纪人员还要搜集所负责区域的房屋租金信息，为客户提供市场信息咨询。这部分内容在第二章第二节专门介绍。

（二）客户接待

1. 出租客户接待

接待出租客户的基本流程如下：

（1）主体身份识别。查看委托人真实有效的身份证明及房地产权属证书，以确保其有权出租房屋。如果房屋属于共有产权，需提供共有权人同意出租的书面证明。房屋所有权人委托他人办理房屋出租事宜的，需提供委托证明。

（2）了解出租房屋的基本情况。包括房屋的位置、面积、结构、附属设施，家具和家电等室内设施状况，还要询问出租房屋是否属于法律法规规定不允许出租的房屋，是否符合当地人均居住面积的最低要求等。

（3）告知委托人必要事项。包括房屋租赁的一般程序、经纪服务的内容、收费标准和支付时间、需要委托人协助的事项、提供的资料等。

（4）告知委托人近期类似房地产租金水平，协助委托人初步确定房屋挂牌租金。

（5）对承租人的特殊要求（如果有）。

需要查看或搜集的文件包括：①房地产权属证书原件及复印件；②房屋所有权人身份证原件及复印件；③共有产权人同意出租的证明；④委托人身份证明原件及复印件、授权委托书。

2. 承租客户接待

接待承租客户的基本流程如下：

（1）询问对拟承租房屋的要求，包括区域、面积、户型、附属设施、家具、家电等。

（2）询问承租方租赁用途、心理价位。

（3）告知承租方经纪服务的内容、收费标准和支付时间。

房地产经纪人员还要查看承租人的身份证件，并留存复印件。

（三）签订房屋租赁经纪服务合同

经过实地查看房屋，并确保委托出租的房屋属于可出租房屋之后，房地产经纪人员应当尽快与出租方签署出租委托合同或居间合同，明确委托事项和权限。这部分内容在第二章第四节专门介绍。

（四）实地查看房屋

房地产经纪人员要与出租方一同到现场查看登记出租的房屋，核实房屋的基本情况，并与出租方提供的房屋资料进行核对，确保两者相符。查验内容主要包括出租房屋的实物状况、权属状况以及区位状况等。实地查看房屋之后，需要编制房屋状况说明书，并请出租方签字确认。这部分内容在第二章第三节专门介绍。

二、带看阶段

（一）发布房源信息

实地查看房屋后，房地产经纪人员根据房屋实际状况向出租方提供挂牌租金建议，由出租方决定最终挂牌价格后，将房源信息通过多种渠道发布。发布的房源信息内容要包括房屋的坐落、总面积、出租面积、楼层、户型、租金报价、家具家电配备、合租或整租、经纪人的联系方式等，这部分内容在第二章第一节专门介绍。

（二）信息配对及带看

房地产经纪人员要对房源、客源信息进行匹配，为承租方推荐合适的房源，确定带看次序。带看前与租赁双方约好时间，带看过程中，要根据房屋状况说明书内容向承租方详细介绍房屋的基本状况、优缺点。这部分内容在第二章第三节专门介绍。

三、洽谈阶段

配对和带看可能要反复几次，承租客户才能找到合适的房源。承租人有承租意向后，房地产经纪人员要再次核查房屋权属状况，确认房屋是否可以出租，以及出租方是否有权出租该房屋。接下来，房地产经纪人员要与租赁双方进行价格协商，直至达成双方满意的租金。期间，承租人可能会提出对家具家电配备等方面的要求，经纪人员要积极协调。洽谈结束后，租赁双方要签订租赁定金协议，承租人向出租人交纳定金，出租人向承租人开具收据。

四、签约阶段

（一）协助签订房屋租赁合同

当房屋租赁双方对房屋租赁事项达成一致时，就可以签订租赁合同了。合同签订前，房地产经纪人员要做到以下事项：①要引导租赁双方协商租赁合同的相关条款，包括租金的交纳方式等；②要提醒租赁双方签订合同的注意事项；③查验相关文件，包括租赁双方的身份证明、房地产权属证书、共有权人同意出租的证明等；④为租赁双方详细讲解合同条款，特别是双方的责任义务、违约条款、违约金、滞纳金、付款方式等。

租赁双方理解上述告知事项后，可签订房屋租赁合同。如果租赁双方还未与房地产经纪机构签订房地产经纪服务合同，在这个阶段要补充签订。

（二）房屋租赁登记备案

租赁双方签订房屋租赁合同后，房地产经纪人员应当协助租赁双方到市、县人民政府房地产管理部门办理租赁合同登记备案，也可以为租赁双方代办具体登记备案事项。租赁备案需要的材料包括：房屋租赁合同、房屋租赁当事人身份证明、房屋所有权证书或者其他合法权属证明，房屋有共有人的还需要提供共有人同意出租的证明，属于委托代管的房屋还要提交委托代管人授权出租的证明。

五、交割阶段

（一）支付租金与佣金

房地产经纪人员应提醒承租方按照合同约定向出租方交纳押金及租金，押金一般为一个月的租金。出租方向承租方开具押金收据和租金收据，如承租方不能一次缴足押金和租金的，租赁双方须在合同上约定补足的时限及违约责任。这部分内容在第四章专门介绍。

租赁双方按照房地产经纪服务合同约定向房地产经纪机构支付佣金，房地产经纪机构向佣金交纳方开具佣金发票。

（二）房屋查验和交接

出租方收到租金和押金后，房地产经纪人员要协助租赁双方完成交接手续，安排租赁双方认真填写或核实房屋交接单，明确交接事项，直至承租方拿到房屋钥匙。房地产经纪人员主要协助承租方检查以下事项：①房屋内部是否完好如初，屋内有关家具、电器等设施能否正常使用；②记录水、电、燃气等仪表读数；③协助承租方点收钥匙，并在房屋附属设施、设备清单上签字确认。这部分内容在第四章第六节专门介绍。

第四节　房屋租赁合同

一、合同签订前的准备

（一）实地查看和如实介绍房屋使用状况

房地产经纪人员在前期的工作中要注意委托出租房屋的使用要求、房屋的使用状况，特别是签订合同前了解房屋租赁中易产生的问题和发生争议的情况。

（二）提示双方注意房屋设施、设备状况

房地产经纪人员在对房屋进行查看后，最好将出租房屋的设施设备列一份清单，或者进行现场拍照，在签约时可以约定将所拍摄的现场照片作为合同附件。

（三）有关房屋租赁的主要规定和特别规定的解释

房地产经纪人员在代为拟订租赁合同时，需要告知当事人国家和地方政府的有关规定，如违法建筑、不符合安全、防灾等工程建设强制性标准的、违反规定改变房屋使用性质的房屋不能出租，并了解清楚拟出租房屋是否按照法律、法规规定禁止出租的房屋。

近年来，国家和地方政府对于房屋出租均有一些特别的规定，如关于人均居住建筑面积不得低于当地人民政府规定的最低标准等，因为各地标准不统一，需要特别提醒当事人注意。尤其是禁止性的规范，如关于禁止出租保障房、禁止群租等，在签订合同前必须要解释清楚。

（四）租赁合同的文本选择

许多出租人为避税不愿意办理备案手续，因此存在不选用管理部门制定的示范合同的现象。实践中常见的情况是交易双方在房地产经纪机构的推荐下选择房地产经纪机构制定的合同文本，或者是房地产经纪人员根据当事人双方协商的内容拟订合同。鉴于此，对合同文本和条款的解释与说明便十分重要，否则发生争议时，当事人可能要求经纪人员承担责任。

二、房屋租赁合同拟定

（一）房屋租赁合同的主要条款

按照规定，房屋租赁合同一般应当包括以下内容：

（1）房屋租赁当事人的姓名（名称）和住所。

（2）房屋的坐落。

（3）出租房屋的户型、面积（明确是建筑面积还是使用面积）、结构。

（4）附属设施设备、家具和家电等室内设施状况。

（5）房屋租金及支付方式和押金数额、支付方式。

（6）租赁用途和房屋使用要求。

（7）房屋和室内设施的安全性能。

（8）租赁期限。

（9）房屋维修责任。

（10）物业管理、水、电、燃气、网络、有线电视等相关费用的缴纳。

（11）违约责任和争议解决办法。

（12）其他约定。

（二）指导当事人选用和填写合同

如果选用管理部门制订的示范合同文本，房地产经纪人员应当根据有关规定，引导当事人正确理解合同条款，并指导当事人填写空白条款。

如果选用房地产经纪机构制订的租赁合同，则房地产经纪人员应对双方予以说明，并提请双方注意其中有关权利义务条款的约定，特别应注意向当事人解释承担责任的条款。对易产生争议的合同条款，房地产经纪人员应事先解释清楚。

三、房屋租赁合同风险防范

（一）房屋租赁合同效力的提示

房屋租赁是一项民事行为，承租人和出租人的权利义务主要是通过合同确定的。因此，合同的具体内容和条款对当事人双方十分重要，是其行为的依据。

按照有关司法解释，同一房屋订立数份租赁合同，在合同均有效的情况下，按下列顺序确定履行合同的承租人：

（1）已经合法占有租赁房屋的。

（2）已经办理登记备案手续的。

（3）合同成立在先的。

（二）房屋租赁押金的支付与作用说明

房屋租赁在习惯上通常需要支付一定的押金，其作用主要是担保租金的按时交付和房屋、设施设备的合理使用。经纪人员在代拟合同时特别需要提醒当事人，押金的数额应当适当确定，否则，押金过高不利于承租人，押金过低不利于出租人。

（三）房屋装饰装修与设施设备处理

房地产经纪人员需要告知当事人：合同中要明确是否同意承租人另行装修，如果同意承租人装修，还需要约定租赁合同到期时，装饰装修物的处理办法。

（四）租金交付方式的说明

房地产经纪人员应提醒当事人在合同中需要明确租金的支付方式，如月付、季付、年付等，如何支付及迟延支付的责任。

（五）维修责任的约定

房地产经纪人员应该告知当事人在合同中约定房屋及其设施设备的维修责任。如没有特别的约定，维修责任由出租人承担。

（六）税收责任的约定

按照目前的规定，房屋出租需要缴纳相关的税费。纳税是出租人的义务，经纪人员需要提醒当事人在合同中一定要约定相关的法律责任，以免事后引发争议。

（七）物业服务费等费用的缴纳约定

通常水、电、燃气、有线电视、电话、网络等费用均是由承租人缴纳。但为防止争议的产生，最好在合同中就此做出明确约定，特别是物业服务费、供暖费用等需要在合同中进行特别约定。

（八）转租约定的提示

房地产经纪人员应提示双方在合同中约定出租的房屋是否能够转租，经纪人员要告知承租人，没有约定转租的，不能转租。

（九）安全责任与风险责任提示

房地产经纪人员应该提醒出租人确保其提供的房屋和附属设施设备等（如煤气灶、热水器）是符合安全要求的。当事人应在合同中约定房屋和设施设备正常使用下产生的风险一般由出租人承担，非正常使用产生的风险由承租人承担。

（十）租赁合同终止的责任约定

房地产经纪人员需要提醒：在合同未到期时，如双方一致同意解除合同，应约定如何处理房屋装饰装修以及设施设备，或者由哪一方承担装饰装修以及设施设备补偿；如果合同无效，应约定装饰装修以及设施设备如何处置，或者装饰装修以及设施设备补偿的承担方式；也需要约定合同履行期满时，如何处理装饰装修以及设施设备。

(十一) 补充协议的签字 (章)

房地产经纪人员需要提醒双方当事人所有的补充协议、合同附件、设施设备的清单、双方认可的图纸等文件均需要双方签字 (章) 确认。

(十二) 优先购买权提示

按照我国法律规定, 承租人具有对承租房屋享有优先购买权。因此, 经纪人员在代拟合同时需要对当事人双方说明以下问题, 以免房屋出租期间产生纠纷。

1. 承租人的优先购买权行使条件

优先购买权是房屋租赁期间出租人出售租赁房屋的, 承租人在同等条件下才可以行使, 但房屋出租人应当在出售前合理期限内通知承租人。经纪人员需要告知当事人在合同中对此进行约定。

2. 承租人行使优先购买权的司法限制

按照最高人民法院的司法解释, 承租人的优先购买权是有一定限制的。下列情况下, 房屋承租人的优先购买权法院不予保护: 房屋共有人行使优先购买权的; 出租人将房屋出售给近亲属的; 出租人履行通知义务后, 承租人在十五日内未明确表示购买的; 第三人善意购买租赁房屋并已经办理登记手续的。因此, 经纪人员需要提示当事人注意, 并在合同中进行相关条款的约定, 以及时保护自己的权利。

(十三) 租赁房屋安全和群租风险

1. 租赁房屋安全及双方当事人的责任

经纪人员需要告知出租人不符合安全要求的房屋不能出租, 承租人应当按照合同约定的租赁用途和使用要求合理使用房屋, 不得擅自改动房屋承重结构和拆改室内设施, 以免影响房屋的安全。

2. 违法出租的风险

根据规定, 出租住房的, 应当以原设计的房间为最小出租单位, 人均租住建筑面积不得低于当地人民政府规定的最低标准。厨房、卫生间、阳台和地下储藏室不得出租供人居住; 保障性住房禁止出租; 禁止出租违法建筑、不符合安全要求的房屋等。在签约时, 经纪人员需要提醒当事人注意国家和地方相关的规定, 告知其违反规定可能导致行政处罚。

（十四）约定房屋征收时的处理办法

房地产经纪人员需要提醒租赁双方在合同中约定：在租赁期限内，一旦房屋被征收或者拆迁时，租赁合同应如何处理，特别是要明确承租人的搬迁责任。

四、合同的核对与保管

为避免将来产生争议，房地产经纪人员应当仔细核对合同的条款，保证每一份合同条款的一致性。如果是网上备案，需要注意纸质合同和网签合同的一致性，并核对无误后留存一份纸质合同存档备查。

五、房屋租赁合同登记备案

房屋租赁合同登记备案因为涉及缴纳税费，双方当事人往往不愿意办理。但是作为房地产经纪人员，应告知租赁双方国家的规定和要求，特别是如果一方当事人需要开具发票的，必须备案，否则无法出具发票。

（一）告知当事人（网上）备案的要求

一些城市实行了房屋租赁合同的网上备案。对此，作为经纪人员需要及时告知当事人有关规定及网上备案、纸质合同备案如何办理。

（二）协助当事人办理房屋租赁登记备案证明

经纪人员需要告知当事人登记备案的法律意义及不办理登记备案可产生的法律后果。应积极督促当事人及时办理房屋租赁登记备案证明。如果有当事人书面委托，经纪人员可以代为办理。

（三）提醒当事人须承担的法律责任

1. 告知当事人办理备案的具体规定

根据《商品房屋租赁管理办法》规定，房屋租赁合同订立后三十日内，房屋租赁当事人应当到租赁房屋所在地直辖市、市、县人民政府建设（房地产）主管部门办理备案。登记备案证明遗失的，需要到原登记备案的部门补领。房屋租赁登记备案内容发生变化、续租或租赁终止的，当事人应当在三十日内，到原租赁登记备案的部门办理房屋租赁登记备案的变更、延续或者注销手续。

2. 告知当事人缴纳相关税费

目前房屋租赁的税费按照规定是由出租方承担的，因此，需要明确告知当事人。如当事人愿意，也可以委托房地产经纪机构代为办理缴税手续。

3. 提示当事人登记备案的法律责任

按照规定，不办理登记备案或者租赁登记备案内容发生变化、续租或者租赁终止而不办理登记备案的变更、延续或者注销手续等备案手续的，当事人可能面临行政处罚。主管部门可以责令限期改正；逾期不改的，可处以罚款等。因此，需要告知当事人可能承担的法律责任与后果。

第五节　房屋租赁税费计算

一、房屋租赁税收

房屋出租人应主动到房屋所在地地方税务机关办理纳税申报。出租房屋行为应缴纳的税主要有：增值税、城市维护建设税、教育费附加、房产税、城镇土地使用税、个人所得税、印花税等。

（一）增值税

增值税是以商品在流转过程中产生的增值额作为计税依据而征收的一种流转税，有增值才征税，无增值不增税。2016 年 3 月 23 日，财政部、国家税务总局《关于全面推开营业税改征增值税试点的通知》（财税〔2016〕36 号）要求从 2016 年 5 月 1 日起，在全国范围内全面推开营改增试点，建筑业、房地产业、金融业、生活服务业等全部营业税纳税人，纳入试点范围，由缴纳营业税改为缴纳增值税。

1. 计税方法

《营业税改征增值税试点实施办法》规定，不动产租赁服务，增值税税率为 11%。房屋租赁按经营租赁服务缴纳增值税。增值税的计税方法，包括一般计税方法和简易计税方法。

（1）一般计税方法的应纳税额计算公式：

$$应纳税额 = 当期销项税额 - 当期进项税额$$

其中，

$$销项税额＝销售额×税率$$

进项税额，是指纳税人购进货物、加工修理修配劳务、服务、无形资产或者不动产，支付或者负担的增值税额。

（2）简易计税方法的应纳税额计算公式：

$$应纳税额＝销售额×征收率$$

2.《营业税改征增值税试点有关事项的规定》对不动产经营租赁服务的规定

一般纳税人出租其2016年4月30日前取得的不动产，适用一般计税方法计税的，应以取得的全部价款和价外费用，按照3%的预征率在不动产所在地预缴税款后，向机构所在地主管税务机关进行纳税申报。一般纳税人出租其2016年4月30日前取得的不动产，可以选择适用简易计税方法，按照5%征收率计算应纳税额。

个人出租住房，应按照5%的征收率减按1.5%计算应纳税额。

（二）城市维护建设税

城市维护建设税是对从事工商经营缴纳消费税、增值税、营业税的单位和个人征收的一种税。它本身无特定的征税对象，而以消费税、增值税、营业税税额为计税依据，属一种附加税。

城市维护建设税实行地区差别比例税率，其纳税税率视纳税人所在地不同而异。所在城市市区的按税率7%征税；在县城、建制镇、工矿区的按税率为5%征税；其他按税率1%征收。

$$应纳税额＝（实际缴纳的消费税＋增值税＋营业税税额）×使用税率$$

（三）教育费附加

教育费附加是为发展教育事业、筹集教育经费而征收的一种附加费，为增值税、消费税和营业税之和的3%。此外，各地方按照地方政府规定还征收地方教育费附加。

（四）房产税

房产税是以房屋为征税对象，以房产的价值和租金收入为计税依据，向房产所有人或经营管理人征收的一种财产税。根据《中华人民共和国房产税暂行条例》规定，房产出租的，纳税人为房屋出租人，计税依据为房产租金收入，税率为12%。房产税征收范围包括城市、县城、建制镇和工矿区。

财政部、国家税务总局《关于调整住房租赁市场税收政策的通知》（财税〔2000〕25号）规定：从2001年1月1日起，对按政府规定价格出租的公有住房和廉租住房，包括企业和自收自支事业单位向职工出租的单位自有住房，房管部门向居民出租的公有住房，落实私房政策中带户发还产权并以政府规定租金标准向居民出租的私有住房等，暂免征收房产税。财政部、国家税务总局《关于廉租住房经济适用住房和住房租赁有关税收政策的通知》（财税〔2008〕024号）规定：自2008年3月1日起，对个人出租住房，不区分用途，按4%税率征收房产税。对企事业单位、社会团体及其他组织按市场价格向个人出租用于居住的住房，减按4%的税率征收房产税。

【思考题】 李某于2010年2月将自有的一套住房出租，月租金为1200元，该年度应缴纳房产税（　　）元。

A. 528　　　　　　B. 576　　　　　　C. 1584　　　　　　D. 1728

（五）城镇土地使用税

城镇土地使用税是以国有土地为征税对象，对拥有土地使用权的单位和个人征收的一种税。在城市、县城、建制镇、工矿区范围内使用土地的单位和个人，为城镇土地使用税的纳税人。拥有房屋产权的个人，出租的房屋位于城镇土地使用税开征范围内，应按房屋土地（含出租的院落占地）面积，依土地的等级及适用的土地等级税额，计算缴纳城镇土地使用税。出租、出借房产，自交付出租、出借房产之次月起计征城镇土地使用税。

土地使用税每平方米年税额如下：大城市1.5元至30元；中等城市1.2元至24元；小城市0.9元至18元；县城、建制镇、工矿区0.6元至12元。各省、自治区、直辖市人民政府根据市政建设状况、经济繁荣程度等条件，在国家规定的税额幅度内确定所辖地区的适用税额幅度。经省、自治区、直辖市人民政府批准，经济落后地区土地使用税的适用税额标准可以适当降低，但降低额不得超过国家规定最低税额的30%。经济发达地区土地使用税的适用税额标准可以适当提高，但须报经财政部批准。

按照《关于廉租住房、经济适用住房和住房租赁有关税收政策的通知》，自2008年3月1日起，对廉租住房、经济适用住房建设用地以及廉租住房经营管理单位按照政府规定价格、向规定保障对象出租的廉租住房用地，免征城镇土地使用税；开发商在经济适用住房、商品住房项目中配套建造廉租住房，在商品住房项目中配套建造经济适用住房，如能提供政府部门出具的相关材料，可按廉租住房、经济适用住房建筑面积占总建筑面积的比例免征开发商应缴纳的城镇土地使用税；对个人出租住房，不区分用途，免征城镇土地使用税。

（六）个人所得税

个人所得税是国家对本国公民、居住在本国境内的个人的所得和境外个人来源于本国的所得征收的一种所得税。个人所得税的纳税义务人，既包括居民纳税义务人，也包括非居民纳税义务人。居民纳税义务人负有完全纳税的义务，必须就其来源于中国境内、境外的全部所得缴纳个人所得税；而非居民纳税义务人仅就其来源于中国境内的所得，缴纳个人所得税。根据《中华人民共和国个人所得税法》和《中华人民共和国个人所得税法实施条例》规定，个人出租房屋取得的租金收入应当按照"财产租赁所得"缴纳个人所得税，纳税人为出租房屋的个人，计税依据为应纳税所得额，适用税率为20%。财政部、国家税务总局《关于廉租住房经济适用住房和住房租赁有关税收政策的通知》（财税〔2008〕024号）规定，自2008年3月1日起，对个人出租住房取得的所得按10%的税率征收个人所得税。

（七）印花税

印花税是对经济活动和经济交往中书立、领受具有法律效力的凭证的行为所征收的一种税。凡在我国境内书立、领受有关合同、产权转移书据、权力证照等凭证的单位和个人，都是印花税纳税义务人。应纳税凭证应于书立或领受时购买并贴足印花税票（贴花）。财政部、国家税务总局《关于廉租住房经济适用住房和住房租赁有关税收政策的通知》（财税〔2008〕024号）规定，自2008年3月1日起，对廉租住房、经济适用住房经营理单位与廉租住房、经济适用住房相关的印花税以及廉租住房承租人、经济适用住房购买人涉及的印花税予以免征。对个人出租、承租签订的租赁合同，免征印花税。

二、房屋租赁费用

根据《国家发展改革委、住房城乡建设部关于放开房地产咨询收费和下放房地产经纪收费管理的通知》（发改价格〔2014〕1289号），自2014年7月1日起，下放房地产经纪服务收费管理权限，由省级人民政府价格、住房城乡建设行政主管部门管理，各地可根据当地市场发育实际情况，决定实行政府指导价管理或市场调节价。实行政府指导价管理的，要制定合理的收费标准并明确收费所对应的服务内容等；实行市场调节价的，房地产经纪服务收费标准由委托和受托双方，依据服务内容、服务成本、服务质量和市场供求状况协商确定。通知要求各房地产中介服务机构应按照《价格法》《房地产经纪管理办法》等法律法规要求，公平竞争、合法经营、诚实守信，为委托人提供价格合理、优质高效服务；严格执行明码标价制度，在其经营场所的醒目位置公示价目表，价目表应包括服务项目、服务内容与完成标准、收费标准、收费对象及支付方式等基本标价要素；一项服务包含多个项目和标准的，应当明确标示每一个项目名称和收费标准，不得混合标价、捆绑标价；代收代付的税、费也应予以标明。

第四章　存量房买卖居间业务

第一节　房屋买卖市场概述

一、房屋买卖市场的类型

房屋买卖是重要的房地产转让方式，是房地产置业投资的主要途径。房屋买卖市场是指所买卖的商品是房地产或者房地产权益的市场。根据房地产的属性不同，房屋买卖市场还可以进一步细分，房地产经纪业务中常用的分类方式主要有四种。

（一）新房市场和存量房市场

按照房地产流转次数分，房屋买卖市场可以分为新房市场和存量房市场。新房市场也称为增量房市场，是指新建商品房等房地产的初次交易市场，其市场销售的主体是房地产开发企业等单位。存量房市场也称为二手房市场，主要是指已经发生过一次或多次产权转移的房地产交易市场，其市场销售主体是拥有房屋产权的个人或单位等所有者。

（二）居住房地产市场和非居住房地产市场

按照房地产的用途分类，房地产市场又可以分为居住房地产市场和非居住房地产市场。居住房地产市场主要是住房交易的市场，非居住房地产市场又可以分为商业房地产市场、写字楼市场、工业房地产市场等。

（三）现房市场和期房市场

按照交易时房地产的开发建设状态分类，房地产市场可以分为现房市场和期房市场。现房是指已经整体竣工并通过验收，购买后就可以入住的房地产。期房即预售房，是从房地产开发企业取得《商品房预售许可证》后可以公开销售开始，直至竣工交付前的商品房。期房一般没有整体竣工，购买后一般需要等待一段时间后才能入住。

（四）高档、中档、低档房地产市场

按照房地产的档次，房地产市场可以分为高档房地产市场、中档房地产市场和低档房地产市场，如居住房地产市场又可以分为别墅市场、高级公寓市场、普通商品房市场。

二、房屋买卖市场的参与者

（一）卖方

卖方也称为房地产供给者，主要有房地产开发企业和房屋所有权人。个人出售房地产的原因主要有住房改善、急需资金、获利变现、规避风险或离开本地。

（二）买方

买方也称为房地产的需求者，任何单位和个人都可以成为房地产买方。买方购买房地产的目的主要有自用、投资或者投机。房地产需求又可以分为刚性需求、改善性需求、投资性需求、投机性需求等。

（三）房地产经纪机构

房地产经纪机构是房屋买卖的中介，随着市场经济和城镇化发展，房地产交易中通过房地产经纪机构成交的比例越来越大。房地产经纪机构在房屋买卖中的作用是提供房源、客源、价格信息，促成交易，协助订立买卖合同，代办贷款、登记手续和房屋交验等。

（四）其他专业服务机构

房屋买卖的成交还需要其他专业机构的参与，如金融机构提供贷款服务，房地产估价机构提供抵押评估服务，律师事务所提供法律咨询服务等。

（五）房地产市场管理者

房地产市场管理者主要是行政主管部门和行业自律组织。全国性的房地产市场管理部门是住房和城乡建设部，全国性的房地产经纪行业自律组织是中国房地产估价师与房地产经纪人学会。行政主管部门及行业自律性组织在房屋买卖过程中的职能是管理、监督和服务。

三、房屋买卖市场的特点

由于房地产具有独一无二、不可移动、价值量大等不同于一般商品的特性，房屋买卖市场主要具备 4 个特点。

（一）垄断竞争性

由于房地产不像普通商品一样可以做到标准化生产、市场上存在大量可替代的产品、相互之间竞争充分，房地产市场上在售的房地产商品各不相同，竞争往往不够充分，具有垄断竞争的特点。特别是新建商品房市场，由于某一区域某个时间段的在售项目通常较少，往往只有一个或几个房地产开发企业，容易形成区域垄断。二手房市场中，由于交易双方主要为分散的家庭，竞争性较新建商品房市场更为充分。

（二）区域性

房屋买卖市场是典型的区域市场，不同的城市之间，甚至同一城市的不同区域之间，房地产市场的规模、价格水平、供求状况、价格走势等情况都可能差异很大。因此，分析房地产市场形势时，要区分不同城市或区域，一般可将一个城市视为一个市场。

（三）周期性

房地产业不仅受到经济发展、人口、政策等多种因素的影响，而且受本身运行规律的制约，因此房地产市场会表现出周期性波动，出现高峰期和低谷期。房地产市场周期主要体现在房地产的价格、成交量、房地产开发投资等指标的周期性变化上，没有只涨不跌或者只跌不涨的房地产价格，没有永远火爆的房地产市场。

（四）易于形成泡沫

由于房地产寿命长久、供给有限、保值增值，具有很好的投资品属性，房地产市场容易出现投机。过度的投机炒作会使房价大幅上涨，偏离其实际价值，产生价格泡沫。国际上曾出现过多次严重的房地产泡沫事件，泡沫一旦破裂，则对宏观经济和金融体系产生巨大影响。

【思考题】房屋买卖市场不能实现完全竞争的最主要原因，是其具有（　　）的特性。

A. 独一无二　　　　　　　　B. 易受限制

C. 供给有限　　　　　　　　D. 难以变现

第二节　房屋买卖管理规定

一、房屋买卖的条件

(一) 新建商品房销售规定

1. 商品房预售的条件

商品房预售应当达到下列条件：

(1) 已交付全部土地使用权出让金，取得土地使用权证书。

(2) 持有建设"工程规划许可证"和"施工许可证"。

(3) 按提供预售的商品房计算，投入开发建设的资金达到工程建设总投资的 25% 以上，并已经确定施工进度和竣工交付日期。

(4) 取得"商品房预售许可证"。

2. 商品房现售的条件

商品房现售应当符合下列条件：

(1) 现售商品房的房地产开发企业应当具有企业法人营业执照和房地产开发企业资质证书。

(2) 取得土地使用权证书或者使用土地的批准文件。

(3) 持有建设工程规划许可证和施工许可证。

(4) 已通过竣工验收。

(5) 拆迁安置已经落实。

(6) 供水、供电、供热、燃气、通信等配套基础设施具备交付使用条件，其他配套基础设施和公共设施具备交付使用条件或者已确定施工进度和交付日期。

(7) 物业管理方案已经落实。

3. 商品房销售代理的规定

房地产开发企业可以自行销售商品房，也可以委托房地产经纪机构代理销售，实行代理销售商品住房的，应当委托在房地产主管部门备案的房地产经纪机构代理。房地产经纪机构应当将经纪服务项目、服务内容和收费标准在显著位置公示；额外提供的延伸服务项目，需事先向当事人说明，并在委托合同中明确约定，不得分解收费项目和强制收取代书费、银行按揭服务费等费用。房地产经纪机构和职业人员不得炒卖房号，不得在代理过程中赚取差价，不得通过签订"阴阳合同"违规交易，不得发布虚假信息和未经核实的信息，不得采取内部认购、雇人排队等手段制造销售火爆的假象。

4. 商品房销售中的禁止行为

根据《商品房销售管理办法》《关于进一步加强当地产市场监管完善商品房预售制度有关问题的通知》《广告法》等的规定，新建商品房销售中的禁止行为主要有：

（1）不符合商品房销售条件的，房地产开发企业不得销售商品房，不得向买受人收取任何预订款性质的费用，不得参加展销活动。

（2）商品住宅按套销售，不得分割拆零销售。

（3）房地产开发企业不得采取返本销售或变相返本销售的方式销售商品房，不得采取售后包租或者变相售后包租的方式销售未竣工的商品房。

（4）商品房严格实行购房实名制，认购后不得擅自更改购房者姓名。

（5）房地产开发企业不得在未解除商品房买卖合同前，将作为合同标的物的商品房再行销售给他人。

（6）商品房销售后，房地产开发企业不得擅自变更规划、设计。

（7）房地产广告的房源信息应当真实，面积应当标明为建筑面积或者套内建筑面积，并不得含有下列内容：①升值或者投资回报的承诺；②以项目到达某一具体参照物的所需时间表示项目位置；③违反国家有关价格管理的规定；④对规划或者建设中的交通、商业、文化教育设施以及其他市政条件做误导宣传。

（二）存量商品房买卖规定

1. 不能买卖的房屋类型

根据有关法律法规，不得转让的存量房屋主要有以下几类：

（1）司法机关和行政机关依法裁定，决定查封或者以其他形式限制房地产权利的房屋。

（2）依法收回土地使用权的房屋。当土地使用权被收回时，按照"房随地走"的原则，房屋所有权也要一同转移，因此不能再进行买卖。例如，已经列入拆迁公告范围的房屋，行政管理部门一般不予办理过户。

（3）共有房屋，未经其他共有人书面同意的，如夫妻共有的房屋，需配偶的书面同意才可买卖。

（4）权属有争议的房屋。这样的房屋存在产权纠纷或者产权不明晰，房屋产权最终属于谁还没有定论，因此不能买卖。

（5）未依法登记领取产权证书的房屋。这样的房屋由于还没有法律确定的房屋所有权人，因此没有具有处分权利的主体，不能买卖。这种房屋又有几种类型：一是权属登记正在办理但尚未办完的商品房；二是无法办理权属登记的房屋，如小产权房、违法违章建筑的房屋等；三是尚未达到办理权属证书法定年限的房屋，如购买后未满5年的经济适用房；四是未达到办理权属证书其他条件的房屋，如以低于房改政策规定的价格购买且没有按照规定补足房价款的已购公房、未缴纳土地收益价款的经济适用住房等。

（6）未经抵押权人同意的房屋。对于已抵押的房屋，在抵押人不能履行债务时，抵押权人有优先受偿权，为防止优先受偿权受损，未经抵押权人书面同意，已设定抵押的房屋不能买卖。

（7）法律、行政法规规定禁止转让的其他情形。

2. 共有房屋买卖规定

房屋共有是指两个或两个以上的单位、个人对同一房屋享有所有权。共有分为"按份共有"和"共同共有"。根据《物权法》，按份共有的房屋和共同共有的房屋在买卖时有不同的规定。

（1）按份共有房屋的份额处分更为灵活。通常情况下，按份共有人可以随时请求分割共有房屋，并自由处分分割所得份额，而且即便在共有条件下，按份共有人也可以转让其份额，其他共有人在同等条件下有优先购买权。

（2）共同共有的房屋的买卖条件较为严苛。共同共有人只有在共有的基础丧失或者有重大理由需要分割共有房屋时，才可请求分割。除非另有规定，否则共同共有人处分共有房屋，须经全体共同共有人同意。而按份共有人处分共有房屋时，经占份额2/3以上的按份共有人同意即可。

此外，对于夫妻共同房产，我国大部分市民都习惯于由一方登记产权，并且认为理所当然是夫妻共同财产，这种隐性共有人的现象在政策性房屋（如经改房和房改房）中尤其显著。按照《婚姻法》的规定，夫妻可以约定婚姻关系存续期间所得的财产以及婚前财产归各自所有、共同共有或部分各自所有、部分共同所有，具体约定应当采取书面形式。没有约定或者约定不明确的，除法律明确为单独所有的外，一般推定为夫妻共同共有。因此，已婚的房屋所有权人在出售、出租婚后购买的房屋时，无论不动产权证（房屋所有权证）上是否标注为共有，房地产经纪人员代理其出售、出租房屋的行为，须征得其配偶同意再予办理，这样可以有效防范交易风险。

3. 已抵押房屋买卖规定

根据《物权法》和《城市房地产抵押管理办法》的规定，买卖已设定抵押的房屋，须经过抵押权人（一般是银行）同意。抵押权人同意买卖的，应当将转让所得的价款向抵押权人提前清偿债务或者提存。转让的价款超过债权数额的部分归抵押人所有，不足部分由债务人清偿。实践中，二手房买卖时，卖方须在办理买卖合同网签（或备案）的前提下还清贷款（即赎楼），注销抵押登记，取得房屋权属证书。

根据最高人民法院《关于审理商品房买卖合同纠纷案件适用法律若干问题的解释》第九条规定，卖方故意隐瞒所售房屋已经抵押的事实，订立的房屋买卖合同无效或者被撤销、解除的，买受人可以请求返还已付购房款及利息、赔偿损失，并可以请求出卖人承担不超过已付购房款一倍的赔偿责任。

4. 已出租房屋买卖规定

根据《合同法》《商品房租赁管理办法》以及最高人民法院《关于贯彻执行〈民法通则〉若干问题的意见》的规定，已出租的房屋可以买卖，但不影响租赁合同的效力，买受人不能以其成为出租房屋新的所有权人为由否认原租赁关系的存在，并要求承租人返还租赁物，即所谓的"买卖不破租赁"。按照最高人民法院《关于贯彻执行〈民法通则〉若干问题的意见》第一百一十八条规定，出卖人出卖房屋，应提前3个月通知承租人，承租人在同等条件下，享有优先购买权；出租人未按此规定出卖房屋，承租人可以请求人民法院宣告该房屋买卖无效。

（三）其他住房买卖规定

除商品房外，已购公有住房、经济适用住房、限价商品房等政策性住房在满足一定条件的情况下也可以进行转让。

1. 已购公有住房买卖规定

公有住房是指由国家以及国有企业、事业单位投资兴建、销售的住宅，在住宅未出售之前，住宅的产权（占有权、使用权、收益权、处分权）归国家所有。目前居民使用的公有住房，按房改政策可分为两类：一类是可售公有住房，一类是不可售公有住房。可售公有住房中，根据房改政策，出售的价格又有三种，即市场价、成本价和标准价。其中，职工以市场价购买的公有住房，实际上已经变成了私有住房，取得了房屋所有权证书，可以自由买卖。以成本价和标准价购买的公有住房，则需补交相应价款。《已购公有住房和经济适用住房上市出售管理暂行办法》规定，职工以成本价购买的公有住房，产权归个人所有，出售时需交纳有关税费和土地收益。职工以标准价购买的公有住房，拥有部分产权，出售时可以先按成本价补足房价款及利息，取得全部产权后按成本价购房的政策出售。此类住房也可以直接上市出售，按照规定交纳有关税费和土地收益后，由职工与原产权单位按照产权比例分成。

2. 经济适用住房买卖规定

经济适用住房是指政府提供政策优惠，限定套型面积和销售价格，按照合理标准建设，面向城市低收入住房困难家庭提供具有保障性质的政策性住房。经济适用住房建设用地是以划拨方式供应的，建设中免收城市基础设施配套费等各种行政事业性收费和政府性基金。因此，经济适用住房购房人拥有有限产权，个人转让该类住房时要受到年限限制，并补交相关价款。根据《经济适用住房管理办法》，购买经济适用住房不满 5 年，不得直接上市交易，购房人因特殊原因的确需转让经济适用住房的，由政府按照原价格并考虑折旧和物价水平等因素进行回购。购买经济适用住房满 5 年，购房人上市转让经济适用住房的，应按照届时同地段普通商品住房与经济适用住房差价的一定比例向政府交纳土地收益等相关价款，具体交纳比例由市、县人民政府确定，政府可优先回购；购房人也可以按照政府所定的标准向政府交纳土地收益等相关价款后，取得完全产权。

3. 限价商品房买卖规定

限价商品房又称为限房价、限地价的"两限"商品房，是指政府为了解决中低收入家庭的住房困难，在出让商品住房用地时，提出限制开发完成后的商品房价格即套型（面积）要求，由房地产开发企业公开竞买后，严格执行限制性要求开发建设和定向销售的普通商品住房。限价商品房按照"以房价定地价"的思路，采用政府组织监管、市场化运作的模式。

国家没有制定限价商品房的统一政策，而是由各地根据具体情况制定并实施。一般而言，限价商品住房在满足一定条件后是可以上市交易的。例如，北京规定购买限价房在五年内不得转让，确需转让的可向保障部门申请回购，回购价格按原价格并考虑折旧和物价水平等因素确定；满五年转让限价房要按照届时同地段普通商品房价和限价房差价的一定比例缴纳土地收益价款。

【思考题】下列房屋中，属于不得买卖的有（　　　　）

A. 已出租的房屋　　　　　　　　B. 权属有争议的房屋

C. 被司法机关查封的房屋　　　　D. 未成年人拥有的房屋

E. 共有权人书面同意转让的房屋

二、房屋买卖主体资格

房屋买卖属于民事活动，民事主体具备房屋买卖的主体资格。但由于房屋买卖行为复杂，涉及金额较大，房屋买卖应当由具有完全民事行为能力的人办理或代为办理。

（一）卖方主体资格

1. 存量房屋买卖中的卖方资格

存量房屋买卖中卖方（出卖人）是房屋所有权人，可能是个人，也可能是企事业单位。

（1）卖方是个人。如果卖方为具有完全民事行为能力的个人，卖方可以亲自办理房屋出售，也可以授权委托他人代理出售。因房屋买卖属大额合同，一般要求代理人持经公证的授权委托书才能代为签订房屋买卖合同和办理不动产登记。

如果卖方为无民事行为能力的人或限制民事行为能力的人，应由卖方的监护人代为签订房屋买卖合同和申请不动产登记。监护人还要提供出售房屋是为被监护人利益考虑的书面保证。

例如，赵某夫妇想出售未成年儿子小明名下的一套房产，则赵某夫妇要先写一份保证其有监护人资格和出售房屋是为了小明利益考虑的保证书，才能办理房屋所有权转移登记手续。办理房屋所有权转移手续时，除提交正常的房屋交易资料，还需提供小明的户口簿或出生证明、赵某夫妇的身份证件以及上述保证书。

（2）卖方是单位。如果是国有企业，需要取得国有资产管理部门的批准文件；如果是集体企业，需要取得职工代表大会的批准文件；如果是有限责任公司、股份有限公司的，需要公司董事会、股东会审议同意的书面文件。

2. 新建商品房销售的主体资格

新建商品房销售中的卖方是房地产开发企业，其必须具有法人营业执照和房地产开发企业资质证书，同时还要符合国家关于商品房预售和现售的具体条件。房地产开发企业如违反上述要求，就会被认为不符合签订房屋买卖合同的主体资格，导致合同无效，应当赔偿买受方因此造成的损失。

（二）买方主体资格

房屋买卖中的买方必须是法律法规规定可以购买房地产的权利人，可以是中华人民共和国境内外的自然人、法人和其他组织，但各地政府对不同性质房屋的购买主体资格又有具体要求。例如，政府确认的城市低收入家庭才有权购买经济适用住房；仅本单位的职工有权购买单位自管公房；在商品房限购的城市，对买方有户口、社保、居住年限等政策要求。此外，限制民事行为能力和无民事行为能力的人买房，需要监护人代为办理。

三、房屋买卖流程

（一）新建商品房买卖流程

新建商品房销售可以开发企业自行销售，也可以通过经纪机构代理销售，无论哪种销售方式，新建商品房买卖的一般流程如下：

（1）买方签订商品房认购书，交付定金。

（2）房地产开发企业与买方签订商品房预售合同。

（3）房地产开发企业到房地产管理部门申请房源核验与购房资格审核及办理商品房预售合同网签。

（4）买方支付首付款及办理抵押贷款（如需要）。

（5）买方申请办理不动产权属证书。

（6）房地产开发企业向买方交付物业。

（二）存量房买卖流程

存量房买卖可以自行成交，也可以通过经纪机构居间成交，无论哪种成交方式，房屋买卖的一般流程如下：

（1）买卖双方签订房屋买卖合同。

（2）经纪机构或买卖双方到房地产管理部门申请房源核验与购房资格审核及办理房屋买卖合同网签（如果有）。

（3）买卖双方办理交易资金监管及购房贷款（如需要）。

（4）买卖双方按照规定交纳有关税费。

（5）买卖双方申请不动产转移登记。

（6）买方领取不动产权属证书，卖方收款、交付物业。

四、房屋买卖审查

房地产经纪机构代理销售新建商品房或者从事存量房买卖居间业务时，房地产经纪人员要注意对房地产本身的状况、房屋买卖双方的主体资格进行审查，以确保交易安全。

（一）新建商品房销售代理中的审查内容

新建商品房销售中，主要审查房地产开发企业的资质，房地产开发项目有关文件的齐备程度，确保代理销售的项目是合法合规的、可以对外销售的商品房。对购房人，则主要查看其是否具有政府规定的购房资格。

（二）存量房买卖居间中的审查内容

存量房买卖的情况较为复杂，需要重点审查以下内容：

1. 房地产权属状况

（1）是否具有合法有效的权属证明，是否为可以依法转让的房地产，是否需要补交相应的价款才能转让。

（2）是否共有财产，如果是，需要共有人同意转让的书面证明。

（3）是否被查封，如被查封则不能买卖。

（4）是否被抵押，如有，则要提前解除抵押或经抵押权人书面同意。

（5）是否有优先购买权人，包括共有人及承租人，如有，则需要提供优先购买权人出具放弃优先购买权的证明。

2. 买卖双方的主体资格

（1）查看买卖双方的身份证明，看是否未成年人，如果是未成年人，需要监护人办理，同时查看有关监护关系的证明。

（2）通过观察、沟通，判断买卖当事人的精神健康状况是否正常，如果不具有完全民事行为能力，则需要其监护人办理。如果由监护人办理房屋买卖手续，则还需要查看有关监护关系的证明。

（3）在限购的城市，需要审查购房人是否具有购房资格。

（4）如果买方或卖方是境外人员或单位，需要查询当地房地产政策是否有相应限制。

（5）如果卖方是单位，需要提供上文提到的相应证明文件。

第三节　存量房买卖居间业务流程

存量房买卖居间业务的基本流程简单概括为：①委托阶段，即搜集房源、客源等交易信息；接待客户，沟通了解客户需求；签订房地产经纪服务合同。②带看阶段，即实地察看房屋；发布房源、客源信息并进行配对；带客户看房，协助查验房屋使用状况、附属设施设备及产权情况。③洽谈阶段，即帮助协商房屋买卖价格、税费、贷款等交易条件。④签约阶段，即协助签订房屋买卖合同，结算经纪服务费用。⑤交割阶段，即代办贷款（如需要）；协助结算、划转房屋交易资金；协助办理缴税及房屋所有权转移登记（如有需要）；房屋查验和交接。存量房买卖居间业务的基本流程如图4-1所示。

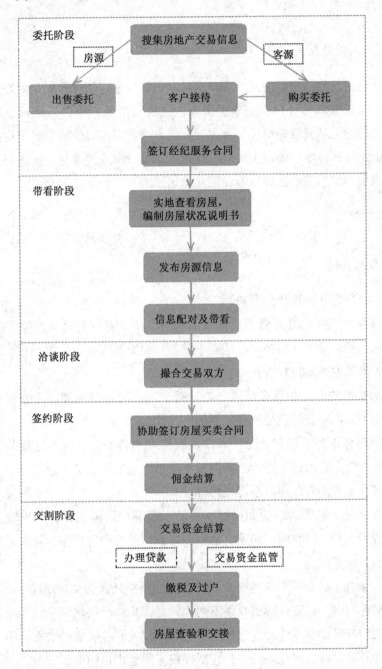

图4-1　存量房买卖居间业务的基本流程

一、委托阶段

（一）搜集房地产交易信息

房地产交易信息包括房源信息、客户信息和价格信息。信息搜集是做好房地产经纪业务的前提，在卖方市场（供不应求，卖方占优势的市场）上，房源信息的搜集尤为重要。房地产经纪人员要掌握房源、客源开发的方法和渠道。价格信息是房地产经纪人员协助卖方确定挂牌价格、协助买卖双方议价的基础，房地产经纪人员还要搜集房地产价格及影响因素等信息。这部分内容在第二章第二节专门介绍。

（二）客户接待

1. 卖方客户接待

接待卖方客户的基本流程如下：

（1）主体身份识别。首先辨别委托人的身份，是否有权利处分房屋，包括是否为房屋所有权人、是否成年、精神状况是否正常等。如委托人不是房屋所有权人，须提供房屋所有权人出具的书面授权委托书。

（2）了解卖房的原因和资金需求。包括资金需要的迫切程度，是否需要一次性付款，能否接受买方商业贷款或公积金贷款等。

（3）了解房屋本身的权利状况，以及是否符合出售条件。包括是否共有产权，共有人是否同意出售；是否设有抵押，抵押权人是否同意出售；是否限制出售的房产，如经济适用住房、未购公有住房、小产权房等。

（4）告知委托人必要事项，如房屋交易的一般程序及可能存在的风险，经纪服务的内容、收费标准和支付时间，房屋交易税费政策，房款交付程序，须由委托人协助的事宜、提供的资料等。

（5）告知委托人近期类似房地产成交价格，协助委托人初步确定房屋挂牌价格。

接待卖房客户时，需要查看或收集下列文件：①房地产权属证书原件及复印件；②房屋所有权人的身份证明原件及复印件；③共有产权人同意出售的书面证明；④委托人身份证明原件及复印件、授权委托书；⑤抵押权人同意出售的书面证明。

2. 买房客户的接待

接待买房客户的基本流程如下：

（1）核实买方的主体资格。包括是否具有购房资格、是否具有贷款资格等。

（2）询问对所购房屋的要求。包括区域、面积、户型、建筑年代、学区等。

（3）询问购房预算。包括购房资金、是否需要贷款等。

（4）告知房屋交易的一般程序及可能存在的风险。

（5）告知经纪服务的内容、收费标准和支付时间。

（6）告知拟购房屋的市场信息，提出建议。

接待买房客户时，房地产经纪人员要查看购房人的身份证明原件，以确保其具备购房资格。如果买方委托他人办理购房事宜，需要查看委托人的身份证明，且需要购房人出具授权委托书等委托证明。对有限购要求的城市，还要根据限购政策，要求购房人提供暂住证、社保证明或个人所得税证明，签订购房承诺书等。

（三）签订经纪服务合同

经过实地查看房屋，并确保委托出售的房屋属于可出售房屋之后，房地产经纪人员应当尽快与卖方签署房屋出售经纪服务合同，与买方签订房屋承购经纪服务合同，明确委托事项和权限。实践中，由于我国目前房地产经纪业务采取多家委托的方式，即买卖双方可能同时委托多家经纪机构办理经纪业务，因此他们可能对签订经纪服务合同有所抵触。但为了经纪服务的安全，应尽量说服客户签订经纪服务合同，明确双方的权利义务，防止跳单。经纪服务合同应约定需要卖方协助的工作，包括协助到登记部门查询房地产权属信息、房屋实地查看等。这部分内容在本章第四节专门介绍。

二、带看阶段

（一）实地查看房屋，编制房屋状况说明书

房地产经纪人员接受卖方委托后，要对房源进行现场查看，仔细核对所查看的房屋是否与房地产权属证书描述信息一致。重点了解房屋的实物状况、区位状况和物业管理状况，并将查看的具体情况编织成房屋状况说明书，让卖方签字确认。这部分内容在第二章第三节专门介绍。

（二）发布房源信息

实地查看房屋后，房地产经纪人员要根据房屋实际状况向卖方提供挂牌价建议，由卖方确定房屋挂牌价格。经纪人员要将采集到的房源信息及确定的挂牌价格及时发布出去，吸引客源。发布的房源信息包括房屋的坐落、面积、楼层、用途、建成年代、户型、报价、经纪人员的联系方式等内容。发布房源信息要真实，包括房源要真实存在、实物状况和权利状况要真实、报价要真实，不能以低价或者已经成交的房源吸引客户。发布房源信息的渠道包括经纪机构门店、网络、专门的房地产媒体网站等。这部分内容在第二章第二节已有过专门介绍。

（三）信息配对及带看

房地产经纪人员要对房源信息和客源信息进行匹配，为买方推荐合适的房源，确定带看的次序。看房过程中，经纪人员要与买卖双方提前约定看房时间，带好相关资料。带看中，要按照房屋状况说明书向买方介绍房屋的基本情况及优缺点。房地产经纪人员必须向买方一次性书面告知房屋的基本情况。这部分内容在第二章第三节已有过专门介绍。

三、洽谈阶段

买方看房后，房地产经纪人员要做好回访准备，对买方进行回访，了解其对看房结果的满意程度。根据买方反馈，对买方的购买需求进一步分析，再次配对带看，直到满意为止。如果带看结果满意，经纪人员要再次核查房屋产权状况，确认是否可以交易，再次确认买方是否具备购房资格及了解买方征信状况，对买方贷款资质进行预判。核实无误后，经纪人员与买卖双方进行价格协商，直至买卖双方达成互相满意的交易条件。

四、签约阶段

（一）协助签订房屋买卖合同

买卖双方达成交易意向后，房地产经纪人员要协助买卖双方协商房屋买卖合同的相关条款，房屋买卖合同应使用政府部门或行业组织推荐的合同文本。合同签订前，房地产经纪人员要做到以下事项：①提醒买卖双方签约的注意事项；②查验房地产权属证书及买卖双方的相关证件；③为买卖双方详细讲解合同条款，重点讲解双方责任义务、违约条款、违约金、滞纳金、付款方式等内容。

买卖双方对上述告知事项知晓并理解后，可签订房屋买卖合同。如果买卖双方还未与房地产经纪机构签订房地产经纪服务合同，在这个阶段要补签。根据交易的具体情况，如房屋有无抵押、买方是否贷款等，签订适当的补充协议。

签订房屋买卖合同后，该套房源要从房源发布渠道撤下。

（二）佣金结算

佣金是房地产经纪服务应得的报酬，买卖双方签订房地产买卖合同后，经纪机构可以按照房地产经纪服务合同的约定收取佣金。有些城市有关房地产经纪服务收费的规定，房地产经纪机构指定的佣金标准要符合规定，并明码标价，不得索取佣金以外的其他报酬，不得赚取差价。

五、交割阶段

（一）交易资金结算

买方按照买卖合同约定的价款及支付方式向卖方支付相应的交易资金（一般先支付一定比例的首付款）。在实行交易资金监管的城市，房地产经纪人员要向买卖双方推荐进行交易资金监管以确保交易完全，并协助办理相应的监管手续。如买卖双方坚持自行划转交易资金，则需要买卖双方签订交易资金自行划转的声明。交易资金计算的内容在本章第六节专门介绍。

如买方需要办理抵押贷款的，房地产经纪人员要告知买卖双方贷款办理的流程及要求，如经纪服务合同约定由经纪人员代办的，要按合同约定代办理。如房屋在出售前已设定抵押，须先行办理抵押注销手续。

（二）缴税及过户

资金监管及贷款获得批准后，房地产经纪人员要协助买卖双方到税务部门交纳税费，到不动产登记机构办理产权转移手续。登记部门向买方发放新的不动产权证后，大部分交易资金（一般是除尾款外的全部价款）可划转到卖方账户。

（三）房屋查验和交接

卖方收到交易资金后，要向买方交付房屋。房地产经纪人员要协助买方对房屋内部进行查验，包括房屋内部是否完好，赠送的装修、家具是否齐全等；协助结算物业服务费，水、电、燃气、电话费，维修基金等费用；协助完成燃气、有线电视等过户手续；协助买方点收钥匙，并让买卖双方在房屋交接单上签字确认。这部分内容在第二章第三节已做过专门介绍。

第四节　存量房买卖合同

在存量房的经纪服务中，房地产经纪人员通过前期的推介撮合，最后成交的关键一步或者说成交的标志则是存量房买卖合同的签订。在签订合同之前，房地产经纪人员须做好准备工作，不仅需要自己搞清楚，而且需要向委托人解释清楚买卖合同的基本条款和主要内容，并在认真研读这些条款的基础上，根据交易双方的真实意愿拟订合同的条款以及附件和补充条款。

一、签约材料准备

房地产经纪人员的主要工作是促成交易双方在关键性的交易条件上达成一致，这需要经纪人员做大量的撮合沟通工作。当沟通达到了水到渠成阶段，房地产经纪人员需要及时提出签订合同。

按照我国法律规定，合同经双方当事人签字（盖章）后即生效（除非法律法规另有规定），如果毁约则要承担法律责任。因此，在正式签订买卖合同前，经纪人员需要和买卖双方再次确认成交条件，特别要提醒买卖双方注意签订合同的法律责任，并且提醒买卖双方准备好签约所需要的如下材料：

（1）买卖双方的身份证明。如果是本人不能亲自办理有关手续的，可以委托他人代办，但需要有合法的委托手续。如何办理委托手续，需要经纪人员熟练掌握。

（2）房地产权属证书原件，出售的房屋属于已购公房的，需要原买入时间的购房合同。

（3）央产房、军产房等特殊房屋需要具备上市审批表以及物业服务费、供暖费等相关费用结清证明。

（4）房地产共有人同意出售的证明。

（5）卖方买入房产的发票证明，以便测算税费。

二、合同签订前的准备

合同签订前的准备工作主要包括以下内容。

（一）推荐合同文本

房地产经纪人员需要根据买卖双方在交易磋商过程中的意愿，代为选定合同，并且推荐、说明示范合同的主要条款和内容。除自行拟订合同外，实践中适用的合同主要有以下两种。

1. 示范合同

经纪人员应首先推荐买卖双方适用行业主管部门制定的示范合同文本。目前我国大部分城市的房地产管理部门要求买卖双方使用房地产管理部门或者房地产管理部门和工商管理部门联合制定的存量房买卖合同示范文本。在这些城市，不使用示范合同文本不能办理过户和取得房地产权属证书。

2. 房地产经纪机构提供的合同文本

不少房地产经纪机构自己制定了存量房买卖合同文本。就实际情况看，大部分采用的是举荐和买卖合同合一的合同。实践中较为常见的称为"房地产居间买卖合同",即所谓三方合同。买卖居间合同实际上是该合同既有房屋买卖的内容,同时包括居间服务的内容,合同当事人包括买卖双方和经纪机构。

需要特别注意的是,在这类三方合同中,如果当事人责任不明确,很容易混淆各方的权利义务并产生纠纷。经纪机构作为制定合同的一方当事人,法院很有可能做出对经纪机构不利的解释。合同的一方提出自己制作合同条款,一旦有争议将对经纪机构不利。所以不建议经纪机构直接作为买卖合同的一方当事人,也不建议经纪机构自己制作并提供买卖合同文本。

3. 买卖合同自拟或委托经纪人员、律师拟定合同

这种情况实践中不多见。如买卖双方明确表示要自拟合同,经纪人员既要告知买卖双方有权自拟合同,又要告知双方有关部门对合同文本的要求和规定,并应当提供房地产管理部门的(或者工商管理部门联合制定的)示范合同文本供当事人选用或参考。在必须使用示范文本的地区,需要告诉当事人必须签订政府制定的示范合同文本,否则无法办理过户登记。同时需要告知当事人,其自拟条款可以作为合同附件或者补充协议,同样具有法律效力。

(二)合同当事人主体资格的提示

房地产经纪人员必须对合同的主要条款进行说明和解释,并根据自己的经验将实践中常出现的问题告诉双方,特别提醒他们签字生效后需要承担相应的法律责任。经纪人员签约时需要提醒双方:当事人具有完全民事行为能力才可以签订一份有效合同,否则买卖双方应该依法委托代理人,但需要办理合法的委托手续。

一般情况下,没有特别约定,合同自双方当事人签字或者盖章时成立。如合同约定需要区政府部门备案生效的,备案前尚没有发生法律效力。签订合同后,当事人应自觉按照约定履行合同,否则需要承担违约责任。

三、存量房买卖合同的拟定

(一)存量房买卖合同的主要条款

结合《合同法》的规定,具体到存量房买卖合同中,应包括的主要条款是:

(1)双方当事人名称或者姓名。

(2)房地产权属证书的基本情况。

(3)房屋坐落地点。

(4)土地使用权性质、土地用途、土地使用权剩余年限。

（5）房屋具体情况，如面积、户型、结构。

（6）房屋单价和总价。

（7）房款交付时间、地点、交付方式。

（8）房屋交付时间和交付方式。

（9）违约应承担的法律责任。

（10）纠纷的解决方式。

（11）合同附件（如附图、物业管理、附属设施设备、装修等说明）。

（12）补充协议（或者补充条款）。

（二）合同重要条款的拟订

房地产经纪人员在通知买卖双方签订正式合同前，需要提前对合同进行全面熟悉，准备好向买卖双方解释的重点内容。

1. 指导填写主要合同条款

（1）指导填写示范合同文本中的空白条款

房地产管理部门制定的示范合同中的大部分条款是事先拟好、不能改变的，买卖双方只能就其中空白部分进行约定和填写。因此，经纪人员首先需要就此解释清楚。同时经纪人员需要对已经制定好的条款进行解释，对需要填写的空白条款进行特别提示，并告知买卖双方对于示范合同文本中未写入但需要明确的事宜，可以通过合同的附加条款或者补充协议进行约定。

（2）房地产经纪机构提供的合同文本的填写

除选用房地产管理部门或者房地产管理部门和工商管理部门联合制定的示范合同文本之外，不少房地产经纪机构还为双方当事人提供了自己拟订的合同文本。这类合同形式上与示范合同相似，大部分条款是事先定好的，只需要当事人填写空白处。但由于该类合同是经纪机构拟订的，且房地产经纪机构参与了交易活动，甚至经纪机构也是合同的当事人，所以经纪人员一定要就选用该合同的依据和所有的条款进行解释。

2. 帮助买卖双方协商拟订合同的关键性条款

合同的关键性条款集中在价格、面积、房屋质量、房屋交付、付款条件、土地性质、房屋性质、过户等方面，需要经纪人员对买卖双方解释，并确认买卖双方的具体要求。需要注意以下几点：

（1）买卖双方需要填写真实的身份信息。

（2）写清房地产坐落与四至。除说明小区名称外，一定要注明房地产权属证书上的门牌号（即公安门牌号），因为房产登记过户是以公安门牌号作为依据的，通常房地产权属证书上的坐落就是公安门牌号。如果发现户口簿上的门牌号和房地产权属证书不一致，需要去公安部门和房地产管理部门查清楚，以免过户时或者将来迁移户口时产生问题。

（3）标明房屋的结构和户型。如果是另外附单写明的，最好附在合同后。

（4）有关房地产价格的约定必须明确。写明单价及总价，写明税费、装修或者附属设施设备价格、专项维修资金、车库价格等是否包括在内。

（5）详细说明房屋装修状况，特别是合同中须写明是否固定设施和家具。如果包含在内，最好列一清单作为合同附件，以后发生争议时可以作为处理依据。也可以在买卖双方都认可的情况下拍照留存。

（6）约定买卖双方履行义务的时限，如具体交付房款、房屋的时间。涉及贷款的，经纪人员需要提醒双方对于贷款的条件和具体时间进行明确约定，特别是需要约定因各种原因导致贷款失败时的处理办法。

3. 买卖合同中双方主要权利义务的约定

房地产经纪人员需要告诉买卖双方合同的权利义务由双方协商确定。合同的主要权利义务是相对的，买方的权利就是卖方的义务，相反，卖方的权利就是买方的义务。所以需要双方互相配合，共同履行合同。另外，由于房地产交易需要双方共同办理过户登记，因此在合同中应该约定买卖双方均有义务办理房地产过户登记手续。

四、存量房买卖合同风险防范

房地产经纪人员要告知当事人合同在交易中的重要作用，提醒双方合同签订之后，一定要严格按照合同履行义务，否则可能引发纠纷和诉讼。

（一）法律责任提醒

在签订合同时，应重点提示当事人各自义务和责任。一旦毁约或者不按照合同约定履行义务时需要承担的法律责任和可能产生的经济损失。

（二）定金条款和定金罚则提示

我国法律规定，给付定金的一方不履行义务的，无权要求返还定金；收受定金的一方不履行约定义务的，应当双倍返还定金。经纪人员需要提示买卖双方，根据法律规定，如果既约定违约金，又约定定金的，一方违约时，守约方可以选择使用违约金或者定金条款。如定金没有实际支付，则不适用定金罚则。实际交付的定金数额改变了约定的定金数额的，以改变后的定金数额为准。例如，合同约定定金为 10 万元，实际只支付了 5 万元，并且对方也接受了，后因收受定金一方违约的，则双倍返还的定金为 10 万元。

（三）补充协议签字的提示

经纪人员一定要叮嘱买卖双方，如果买卖另行签订补充协议或者补充条款，需要当事人双方签字，否则没有法律效力。在确定合同时特别应注意不要随意在合同中留空白处，如果空白处被别人添加内容，可能为以后纠纷留下隐患。所以最好在空白处注明"以下空白"字样或打叉划掉。

（四）相关图纸与附件的拟定

买卖双方通过合同附件对未尽事宜进行约定，经纪人员需要提示房源来源的不同，房屋的相关图纸，如平面图、户型图、管线图等应附在合同内，这样便于交付后的使用和维护。如果房源是商品房，则应同时交付原有的"两书"，即《住宅使用说明书》和《住宅质量保证书》。

（五）产权过户与费用结算的提示

由于产权过户需要买卖双方共同到登记机关办理，因此在签订存量房买卖合同时，需要提示当事人约定具体的房屋交付方式（如交钥匙）和产权过户的义务，预定好过户的时间及逾期过户时违约方的责任。

签订合同时房地产经纪人员也需要特别注意有关费用的结算，如专项维修资金是否过户或者结算；水、电、气、网络、有线电视等费用的承担；物业服务费是否有欠缴及如何结算等，上述内容应该写入合同之中，或者写入合同附件或补充条款，以免后续产生矛盾。

（六）交付的风险和责任提示

在签订合同时需要明确房屋风险责任转移的时间。一些地方的示范合同有相关的条款备选，如无备选条款则需要提醒买卖双方进行特别约定。常见的约定条款有：房屋交付时，风险责任转移；自产权过户之日起风险责任转移。为防止争议，还应约定户口迁移条款。为防备一些意外风险，在合同中可以约定一笔尾款以作为上述交付责任的担保。

（七）装修处理及附属设施设备的处理

存量房交易中装修装饰是一个重要内容。除纯粹的毛坯房买卖之外，很多存量房交易时均是带有装修的。因此，装修是否作为交易的条件或者内容，一定要在合同中写明。此外，家用电器、家具等是否一并转让或者是作价转让均须在合同中明确。房地产经纪人员需要特别提醒当事人填写装修和设施、家具的清单并作为合同附件。最好明确家具和设施等的品牌、数量、使用现状，也可以在签订合同前通过现场拍照方式说明，并在合同约定以此作为交付现状。

（八）权利瑕疵的说明

卖方的权利瑕疵担保是指房屋卖方担保期出售的房屋所有权完全转移于买方，其他人不能对房屋行使任何权利，即卖方需要保证其出卖的房屋没有任何法律问题。如出卖房屋为夫妻共有财产，但房屋登记在一方名下时，需要承诺夫妻双方对出卖房屋行为的认可。另外，交易房屋是否有抵押、出租、查封等情况需要在合同上写明，以免产生纠纷。对于原职工已购公有住房上市出售和经济适用房、限价房等出售的，需要说明是否有限制交易的情况及其处理方式。

对于买方而言，在目前一些地方仍然存在限购的情况下，房地产经纪人员需要了解当地的政策，并告知买方在签约前最好查明是否属于限购对象，避免将来合同不能履行。

（九）税费的承担方式说明

买卖双方的税费承担方式必须在合同中明确。特别是对于双方或者一方要求签订"阴阳合同"的，房地产经纪人员一定要提示法律风险，即合同中的避税条款可能无效、卖方可能无法全额收到房款、买方将来再出售时需要补缴税费以及由于规避法律的行为可能导致的其他风险。

（十）争议处理方式的选择提示

争议解决方式是合同的必备条款。房地产经纪人员需要提示双方在合同中约定一旦发生争议时选择解决争议的方式。大多数地方的示范合同文本中都有争议方式选择的条款，目前示范合同中大多规定有非诉讼方式（如协商、调解、仲裁）和诉讼方式（法院起诉）供当事人选用。房地产经纪人员需要提醒买卖双方在合同中进行约定或者选择。如果选择仲裁，应在合同中选定仲裁机构。但经纪人员需要提醒买卖双方，一旦在合同中约定选择了仲裁方式解决纠纷，则仲裁采取一裁终局制，除法律规定的特殊情况外，对裁决不服不能上诉或再起诉。

五、合同的核对与保管

合同需要买卖双方各执一份，作为经纪机构亦应留存一份。此外，产权过户、抵押贷款、缴纳税费等都需要合同。需要特别注意的是，不论签有多少份合同，每份合同都应该内容一致。而且每一份合同均需要当事人签字（章），否则合同的效力会受到质疑。房地产经纪人员需仔细核对每一份合同，并保存一份存档备查。如需办理抵押贷款，买卖合同的有关内容与抵押贷款合同的相关内容应对应一致，以利于贷款审批。

第五节　房屋买卖环节税费

一、存量房买卖税收

（一）增值税、城市维护建设税及教育费附加

存量房所有权人出售该房屋，应按规定缴纳增值税、城市维护建设税和教育费附加。

1. 《营业税改征增值税试点有关事项的规定》的相关规定

一般纳税人销售其 2016 年 4 月 30 日前取得（不含自建）的不动产，可以选择适用简易计税方法，以取得的全部价款和价外费用减去该项不动产购置原价或者取得不动产时作价后的余额为销售额，按照 5% 的征收率计算应纳税额。纳税人应按照上述计税方法在不动产所在地预缴税款后，向机构所在地主管税务机关进行纳税申报。

一般纳税人销售其 2016 年 5 月 1 日后取得（不含自建）的不动产，应适用一般计税方法，以取得的全部价款和价外费用为销售额计算应税额。纳税人应以取得的全部价款和价外费用减去该项不动产购置原价或者取得不动产时的作价后的余额，按照 5% 的预征率在不动产所在地预缴税款后，向机构所在地主管税务机关进行纳税申报。

小规模纳税人销售其取得（不含自建）的不动产（不含个体工商户销售购买的住房和其他个人销售不动产），应以取得的全部价款和价外费用减去该项不动产购置原价或者取得不动产时的作价后的余额作为销售额，按照 5% 的征收率计算应纳税额。纳税人应按照上述计税方法在不动产所在地预缴税款后，向机构所在地主管税务机关进行纳税申报。

个体工商户销售购买的住房，应按照《营业税改征增值税试点过渡政策的规定》第五条的规定免征增值税。纳税人应按照上述计税方法在不动产所在地预缴税款后，向机构所在地主管税务机关进行纳税申报。

其他个人销售其取得（不含自建）的不动产（不含其购买的住房），应以取得的全部价款和价外费用减去该项不动产购置原价或者取得不动产时的作价后的余额为销售

额，按照 5% 的征收率计算应纳税额。

城市维护建设税及教育费附加的计税规则与新建商品房相同。

2. 优惠政策

在营改增之后，根据《营业税改征增值税试点过渡政策的规定》，北京市、上海市、广州市、深圳市以外的地区实行以下优惠政策：个人将购买不足 2 年的住房对外销售的，按照 5% 的征收率全额缴纳增值税；个人将购买 2 年以上（含 2 年）的住房对外销售的，免征增值税。

北京市、上海市、广州市、深圳市实行的优惠政策：个人将购买不足 2 年的住房对外销售的，按照 5% 的征收率全额缴纳增值税；个人将购买 2 年以上（含 2 年）的非普通住房对外销售的，以销售收入减去购买住房价款后的差额按照 5% 的征收率缴纳增值税；个人将购买 2 年以上（含 2 年）的普通住房对外销售的，免征增值税。

（二）个人所得税

出卖人转让存量房以其转让收入额减除财产原值和合理费用后的余额为应纳税所得额，按 20% 税率缴纳个人所得税。对个人转让自用 5 年以上并且是家庭唯一生活用房取得的所得，继续免征个人所得税。对住房转让所得征收个人所得税时，以实际成交价格为转让收入。纳税人申报的住房成交价格明显低于市场价格且无正当理由的，征收机关依法有权根据有关信息核定其转让收入，但必须保证各税种计税价格一致。对转让住房收入计算个人所得税应纳税所得额时，纳税人可凭原购房合同、发票等有效凭证，经税务机关审核允许从其转让收入中减除房屋原值、转让住房过程中缴纳的税金及有关合理费用。纳税人未提供完整、准确的房屋原值凭证，不能正确计算房屋原值和应纳税额的，按纳税人住房转让收入的一定比例核定应纳个人所得税额，具体比例由地方在住房转让收入 1%~3% 的幅度内确定。

（三）契税

存量房的买受人需要缴纳契税，按照 3%~5% 的比例缴纳，具体税率由地方规定。自 2016 年 2 月 22 日起，对个人购买家庭唯一住房（家庭成员范围包括购房人、配偶以及未成年子女，下同），面积为 90m² 及以下的，减按 1% 的税率征收契税；面积为 90m² 以上的，减按 1.5% 的税率征收契税。除北京市、上海市、广州市、深圳市外，对个人购买家庭第二套改善性住房，面积为 90m² 及以下的，减按 1% 的税率征收契税；面积为 90m² 以上的，减按 2% 的税率征收契税。

（四）印花税

买受人应缴纳每证 5 元的权证印花税。自 2008 年 11 月 1 日起，对个人销售和购买住房免征合同印花税。

二、存量房买卖环节费用

（一）住宅专项维修资金

住宅专项维修资金，是指专项用于住宅共用部位、共用设施设备保修期满后的维修和更新、改造的资金，专项用于物业共用部位、共用设施设备保修期满后的大中维修和更新、改造。商品住宅的业主、非住宅的业主按照所拥有物业的建筑面积缴存住宅专项维修资金，每平方米建筑面积交存首期住宅专项维修资金的数额为当地住宅建筑安装工程每平方米造价的 5%~8%，各地根据本地区情况确定。业主分户账面住宅专项维修资金余额不足首期交存额 30% 的，应当及时续交。业主交存的住宅专项维修资金属于业主所有，转让房屋时，结余维修资金不予退还，随房屋所有权同时过户。新旧业主应做好维修资金有关凭证的交接手续，出售人应当向受让人说明住宅专项维修资金交存和结余情况并出具有效证明，受让人应当持住宅专项维修资金过户的协议、房屋权属证书、身份证等到专户管理银行办理分户账更名手续。

（二）住房交易手续费

房屋买卖交易中，应缴纳一定的转让手续费，手续费按住房建筑面积收取。新建商品住房转让手续费，由转让方承担。经济适用房的房地产交易手续费减半收取，由买方承担。存量房转让手续费，由交易双方各承担 50%。

2015 年 10 月 15 日起，降低住房转让手续费。新建商品住房，由每平方米 3 元降为每平方米 2 元。存量住房由现行每平方米 6 元降为每平方米 4 元。各省级价格、财政部门可根据当地住房转让服务成本、房地产市场供求状况、房价水平、居民承受能力等因素，进一步适当降低中小城市住房转让手续费标准，减轻居民购房费用负担。降低住房以外的其他房屋转让手续费标准，具体政策由各省级价格、财政部门制定。

（三）评估费

新房在交易过程中，不要求必须对房屋进行评估。在存量房买卖中，需对房屋进行估价的情形一般为以下两种：一是申请贷款时，公积金贷款中心或商业银行为确定房屋的价格，需对待抵押的房地产进行估价；二是缴纳房地产有关税费时，交易双方申报的房屋成交价格过低，有关主管部门对房屋进行估价。银行贷款中发生的评估费用一般由贷款人承担，而为确定房地产税费缴纳额发生的评估费用则由有关主管部门承担。

以房产为主的房地产价格评估费，一般按照房地产的价格总额采取差额定率分档累进计收，如评估价格 100 万元以下部分收取评估结果的 0.5%，以上部分收取 0.25%。

（四）住房公积金贷款担保费

在公积金贷款中，银行为了规避房贷风险，需要借款人提供有足够代偿能力的法人、其他经济组织或自然人的担保保证。常见的担保方式为担保中心或担保公司进行担保。为此，担保中心或公司需收取一定的担保费，不同地区公积金房贷担保费收费标准不同。另外，若借款人提前还款，部分地区还规定退还借款人担保费。以北京为例，担保费一般按贷款额的 3‰ 收取，不足 300 元的，按 300 元收取。

根据《住房和城乡建设部、财政部、中国人民银行关于发展住房公积金个人住房贷款业务的通知》（建金〔2014〕148 号）的规定，住房公积金个人住房贷款担保以所购住房抵押为主。取消住房公积金个人住房贷款保险、公证、新房评估和强制性机构担保等收费项目。部分地区如郑州、无锡、广州等地逐渐取消了住房公积金担保收费。

（五）公证费

如果购房需要办理公证，则还要交纳一定比例的公证费。在房屋买卖环节中，如房产所有权转移涉外和涉港澳台，必须办理公证证明，随后由不动产登记机构办理登记事宜。买卖双方也可自行约定需要公证的事项。按照原国家计委、司法部颁布的《关于调整公证服务收费标准的通知》（计价费〔1998〕814 号）的规定，房屋转让公证费收费标准为：标的额 50000 元以下部分，收取比例为 0.3%，按比例收费不到 200 元的，按 200 元收取；标的额 50001 元至 500000 元部分，收取 0.25%；标的额 500001 元至 1000000 元部分，收取 0.2%；标的额 1000001 元至 2000000 元部分，收取 0.15%；标的额 2000001 元至 5000000 元部分，收取 0.1%；标的额 5000001 元至 10000000 元部分，收取 0.05%；标的额 10000000 元以上部分，收取 0.01%。

（六）登记费

按照《物权法》规定，不动产登记费按件收取，不得按照不动产面积、体积或者价款的比例收取。目前，国家尚未出台不动产登记收费标准。按照房屋登记收费的标准，住房登记收费标准为 80 元；非住房房屋登记收费标准为每件 550 元。住房登记一套为一件，非住房登记的房屋权利人按照规定申请并完成一次登记的为一件。房屋登记收费标准中包含一本房屋权属证书费，但每增加一本，加收证书工本费 10 元。

（七）房地产经纪服务佣金

房屋买卖通过房地产经纪机构成交的，还需缴纳一笔佣金。目前，我国佣金为单向收费，即购房人向房地产经纪机构支付。根据《国家发展改革委住房城乡建设部关于放开房地产咨询收费和下放房地产经纪收费管理的通知》（发改价格〔2014〕1289号），关于房地产经纪服务收费，各地根据当地市场发育实际情况确定。目前，大部分地方按照房屋真实成交价的0.5%~2.5%收取。

房地产经纪机构除了提供房地产信息、实地找房、代发合同等房地产经纪服务外，还会提供代办贷款、代办过户等服务，房地产经纪机构提供这些服务可以在佣金外另外收费，具体收费标准一般由各经纪机构在国家或地方规定的标准内自行确定。

第六节　房地产交易资金结算

广义的房地产交易资金包括房地产交易涉及的全部钱款，而狭义的房地产交易资金主要是指房屋买卖价款和租金。由于除房屋买卖价款外的其他钱款数额一般较小，支付方式和交割都相对简单，本节重点介绍房屋买卖价款的支付和交割方式。

一、房地产交易资金支付方式

（一）自由资金支付与贷款支付

1. 自由资金支付

指买方以自由资金向卖方支付购房款的方式。

2. 贷款支付

房地产买卖中常用的贷款方式是个人住房抵押贷款。买方采用贷款方式支付购房款的，房地产经纪人员要根据买方的条件，计算首付款比例和贷款额度，根据个人住房贷款的还款方式（等额本息、等额本金等）、贷款期限、贷款利率等条件，计算还款额，协助买方制订交易资金支付计划。具体详见第六章的内容。

（二）一次性付款与分期付款

1. 一次性付款

指房地产买卖中，买卖双方约定支付价款的日期，买方在该日期向卖方一次性支付完所有价款的方式。这种付款方式对买方来说手续简便，房价折扣较高，对卖方来说能尽快回笼资金。但一次性付款对买方而言具有一定风险，特别是购买期房时风险更大，如果开发企业不能按期交房，或因资金不足导致工程烂尾，那么买方一次性交付的价款将损失利息甚至全部无法追回。

一次性付款适用于购房者资金充足、开发企业信誉良好或者买卖双方相互知悉的情况下。选择一次性付款的，经纪人员要提醒买方可能存在的风险，并在交易合同中约定有关不能按期交房或者顺利过户的违约责任，并约定房屋及附属设施的保质期及出现质量问题时的解决方案。

2. 分期付款

指买方在支付所购买房地产的部分房款后，根据双方约定时间或建筑工程进度逐次付清剩余房款的付款方式。分期付款一般分为两阶段付款或者三阶段付款。根据有无贷款又有不同的支付方式：

（1）有银行贷款。有银行贷款的情况下，房款分两阶段支付的，付款的顺序为"定金—首付款—银行贷款"，房款分三阶段支付的，付款的顺序为为"定金—首付款—银行贷款—尾款"。

上述付款方式中，首付款一般由双方约定，但又受以下两个因素的制约：①买方可以申请贷款的最高限额，这又受城市购房贷款政策、房屋的房龄、买方收入和信用等情况的影响。例如，北京居民购买首套房最多可贷到房屋评估价的七成，首付款最少为房屋总价的三成；二套房只能贷到五成，首付款最少为房屋总价的五成。如果房屋的建成年代较早，或者买方的收入较低、信用较差，则贷款的比例比上述政策规定的比例还要低，首付款比例还要提高。②卖方对资金的要求。如果卖方急需资金，可能会要求买方支付较高的首付款比例，即使买方能贷到较多比例的贷款，也无法用足贷款额度。

这种贷款方式适用于买方自由资金不足，但信用良好可取得贷款，同时卖方不急需资金，交易的房屋可用于抵押的情况。对买方而言，采用这种付款方式减轻了当前的资金压力，但要支付借款利息，且可能面临未来利息上调的风险。对卖方而言，这种方式手续复杂，存在因买方贷款不被批准而交易无法完成，或因银行放款缓慢而资金难以快速回笼的风险。

（2）无银行贷款。无银行贷款的情况下，房款分两阶段支付的，付款的顺序为

"定金—首付款—第二期放款"，房款分三阶段支付的，付款的顺序为"定金—首付款—第二期房款—尾款"。无银行贷款的付款方式下，各期款项都由买卖双方自行议定，不受银行信贷政策的制约。

上述四种付款方式中，各款项的支付节点一般如下：①定金一般在房地产买卖合同签订当日（或约定日）支付；②首付款在买卖合同备案或贷款批准后，办理过户手续前支付；③第二期房款在过户手续办理完结后支付；④尾款在房屋交验完或户口迁出后支付。

二、房地产交易资金交割方式

（一）房地产交易当事人自行交割

1. 自行交割的含义

房地产交易当事人自行交割房地产交易资金是指买方采用支付现金、银行转账等方式将交易资金直接支付给卖方或转到其账户。如果采用贷款支付部分房款的，金融机构在贷款发放后根据买方的授权，将贷款划转到卖方账户。

存量房买卖中，由于产权转移复杂等原因，自行交割存在较大的资金和权属风险，一般不推荐自行交割。实践中，如买卖双方坚持自行交割或者所在城市没有实行资金监管的，房地产经纪人员要告知买方交易资金交割中存在的风险。在实行交易资金监管的城市，如买卖双方实行自行交割交易资金，登记部门一般要求买卖双方在办理房屋转移登记手续时，提交《存量房交易结算资金自行划转声明》，声明交易过程中发生的资金及权属由交易双方自行承担。

2. 自行交割的优缺点

房地产交易资金自行交割的优点是：①操作简单。交易双方均同意即可完成，无须到相关部门办理烦琐的资料审核和审批手续；②交易周期短。由于不受部门审批、审核的限制，资金划转一般在很短的时间内就能完成，可以在短时间内实现交易。

房地产交易资金自行交割的缺点是：在存量房交易中，对于买方而言，已交割资金的安全无任何保障及约束，风险较大。例如，房屋出现质量问题或无法过户时，卖方可能已将钱款挪作他用无法退还，甚至卷款逃跑等，买方利益受损，难以追偿损失。

3. 自行交割适用的情形

交易资金自行交割适用于以下情形：

（1）新建商品房买卖交易资金，以及定金、押金、租金等小额钱款的交割。

（2）存量房买卖中，房屋产权清晰、不存在争议，无查封、拆迁、违法违章、抵押、租赁等情形，确保能顺利过户，且交易双方对自行交割无异议的。

（3）存量房买卖中，卖方为法人、其他组织，或交易双方彼此熟悉，且交易双方对自行交割无异议的。

（二）通过第三方专用账户划转

通过第三方专用账户划转交易资金，是政府对存量房交易资金进行监管的重要途径，在实行存量房交易资金监管的城市才具有这种资金交割方式。具体是指买方通过政府部门、交易保证机构或房地产经纪机构在银行开设的监管专用账户划转交易资金。如交易成功，在产权转移手续完成后，交易资金从监管专用账户划转到卖方指定账户；如交易失败，交易资金将退还到买方账户。交易期间，任何人和机构不得挪用交易资金。

1. 有关规定

为了保障存量房交易资金安全，2006年原住建部和中国人民银行联合发布了《关于加强房地产经纪管理规范交易结算资金账户管理有关问题的通知》（建住房〔2006〕321号），规定建立存量房交易结算资金管理制度。按通知要求，交易当事人可以通过合同约定，由双方自行决定交易资金支付方式，也可以通过房地产经纪机构或交易保证机构在银行开设的客户交易结算资金专用存款账户，根据合同约定条件划转交易资金。同时加强监管专用账户管理，房地产经纪机构、交易保证机构和房地产经纪人员不得通过监管专用账户以外的其他银行结算账户代收代付交易资金。

2. 监管模式

根据存量房交易资金监管的主体不同，目前主要有三种监管模式：

（1）政府监管。又分自愿监管和强制监管。自愿监管的具体做法是由房地产行政主管部门设立存量房交易资金托管中心，实行自愿托管；强制监管的具体做法是由房地产行政主管部门或其下设机构，在银行开设监管专用账户，专门用于存量房交易资金的存储或支付。

（2）商业银行监管。由房地产行政主管部门指定几家银行作为存量房交易资金监管银行，买卖双方可以自愿选择一家作为监管银行，交易资金通过监管专用账户划转。采用这种模式的有广州、重庆、杭州、深圳、大连等。

（3）房地产经纪机构或交易保证机构监管。例如，北京要求符合条件的房地产经纪机构或交易保证机构，在银行开设监管专用账户，交易资金通过该账户划转。

3. 交易资金监管的范围和期限

关于存量房交易资金监管的范围，各个地方有所不同，有的城市要求比较严格，对定金、首付款、购房贷款、尾款等全部房款进行监管；有的城市规定房地产交易税费也予以监管，如天津；有的地方对定金、购房贷款等不予以监管，如北京。房地产经纪人员要了解各地存量房交易资金监管的有关政策，协助买卖双方办理交易资金监管手续，通过第三方专用账户划转交易资金。交易资金监管的期限为交易资金存入监管专用账户起至房屋所有权证书颁发止。

三、买卖双方自行交割房地产交易资金的流程

如买卖双方选择自行交割房地产交易资金，操作流程一般如下：

（1）买卖双方签订存量房买卖合同。

（2）买方按合同约定时间和方式支付定金或首付款至卖方指定账户。

（3）买卖双方办理缴税及转移登记手续，买方取得不动产权证。

（4）买方或贷款银行支付剩余大部分或全部购房款给卖方。

如买卖双方选择这种交割方式，房地产经纪人员需提醒其交易风险。如所在地有关于强制资金监管的规定，还需要买卖双方签订《存量房交易结算资金自行划转声明》。

四、通过第三方专用账户划转交易资金的一般流程

在实行交易资金监管的情况下，房地产经纪人员要熟练掌握资金划转的操作流程，因监管主体、资金监管的范围等不同，交易资金划转的流程可能会有一定差异，交易资金全额（包括银行贷款）监管的情况如下。

（一）买方不需要贷款的情形

1. 签订资金监管协议

交易双方持存量房买卖合同、房地产权属证书、本人身份证明，与交易保证机构（设立监管专用账户的政府部门或下设机构、房地产经纪机构、交易保证机构等）签订资金监管（划转）协议。

2. 买方将交易资金存入监管账户

买方按照资金监管协议约定，将交易资金一次性或分期存入监管专用账户，交易保证机构为买方出具交易资金监管凭证。

3. 办理房屋所有权转移登记

交易双方持资金监管协议、交易资金监管凭证、房屋所有权转移登记所需材料申请办理房屋所有权转移登记。如交易房屋已经设立抵押，卖方要先行办理抵押注销手续才能申请办理房屋所有权转移登记。办理抵押注销手续时，如需使用全部或部分交易资金，则需买卖双方及交易保证机构均同意。

4. 转移交易资金

转移登记手续办理完毕后，登记部门向买方发放新的不动产权证，向卖方出具转移登记办结单。卖方按照资金监管协议约定，持办结单到保证机构办理资金划转手续。保证机构向卖方及银行出具交易结算资金支取凭证，并通知银行将监管专用账户中相应的交易资金划转给卖方，交易完成。

(二) 买方需要贷款的情形

在买方需要贷款的情况下，要增加买方申请贷款、银行批贷等手续，具体如下。

1. 签订资金监管协议

交易双方持房屋买卖合同、房地产权属证书、本人身份证明，与交易保证机构（设立监管专用账户的政府部门或下设机构、房地产经纪机构、交易保证机构等）签订资金监管（划转）协议。

2. 买方将首付款存入监管专用账户

买方将购房首付款一次性或分期存入监管专用账户。交易保证机构为买方出具交易资金监管凭证。

3. 买方办理抵押贷款

买方或保证机构持相关材料向贷款银行办理抵押贷款业务，并委托银行将贷款资金划至监管专用账户。贷款银行对买方的资信状况审核合格后，对交易房屋进行评估，确定贷款额度，出具批贷证明。

4. 贷款银行将贷款转入监管专用账户

贷款银行与买方签订借款合同、抵押合同，将贷款资金存入监管专用账户。

5. 办理房屋所有权转移登记和抵押登记

交易双方持资金监管协议、交易资金监管凭证、房屋所有权转移登记、抵押登记所需材料申请办理房屋所有权转移登记和抵押登记。如交易房屋已经设定抵押，卖方要先行办理抵押注销登记。

6. 划转交易资金

转移登记和抵押登记手续办理完毕，将相应的交易资金划转给卖方，交易完成。

第五章　新建商品房经纪业务

第一节　新建商品房销售代理业务流程

新建商品房销售代理一般分为独家代理和共同（联合）代理两种形式。独家代理指商品房的出售单独委托给一家房地产经纪机构代理，共同（联合）代理则指商品房的出售委托给多家房地产经纪机构，谁销售率高、谁多得收益的一种代理方式。

新建商品房销售代理业务的基本流程包括：①委托阶段，即获取代理项目、签订销售代理合同。②销售筹备阶段，即制定营销策划方案，准备好销售资料、布置销售环境及配备并培训销售人员。③销售阶段，即客户积累、现场接待、协商谈判。④签约阶段，即与客户签订认购协议书，协助签订商品房买卖合同及收款。⑤房屋交验阶段。⑥结算阶段。

一、委托阶段

（一）获取销售代理项目

房地产经纪机构获取销售代理项目的方式可分为"主动寻找"与"被动接受"两种。"主动寻找"即房地产经纪机构主动出击，通过招投标等各种途径寻找新建商品房项目拟销售的信息，与项目负责人进行洽谈，向其展示自己的销售代理能力及代理过的成功案例。"被动接受"则指具有新建商品房销售项目的客户根据以往与房地产经纪机构的合作经历或对比不同经纪机构规模、业绩、专长及拥有的资源等基础上，主动与目标房地产经纪机构联系，要求其提供销售代理服务。

（二）签订销售代理合同

新建商品房销售代理业务比较复杂，明确合同基本事项是签订销售代理合同的重要工作。签订合同时还应注意查看委托方基本证明材料、项目有关资料等，按照合同的签署要求，避免合同签订中的常见错误。另外，房地产经纪机构对拟代理的商品房项目的合法性进行把关，不符合预售或现售条件的项目应拒绝代理销售。

二、销售筹备阶段

（一）制定营销策划方案

1. 做好市场定位

销售代理合同签订后，房地产经纪机构应根据房地产开发企业提交的项目有关资料，在做好市场调研的基础上，从项目本体特征、房地产市场现状及政策环境、项目周边市场的竞争状况、消费者行为及偏好等方面进行分析，协助房地产开发企业进行准确的项目定位及锁定目标客户群。

在销售代理业务日益激烈的情况下，有些房地产开发企业在对项目进行委托代理销售时，要求将项目前期策划作为项目销售代理的附加服务。前期策划的服务内容大致包括项目本体优势分析、项目所在区域政策环境分析、项目竞争产品分析、项目定位及目标客户定位等。

2. 制定宣传推广营销策略

项目的市场定位明确后，应制定后续的宣传推广策略，包括项目形象展示、媒介策略、公关活动及现场包装建议等。宣传推广营销策略要结合项目的营销总费用和预算来编制和实施。

3. 制订销售计划

按照项目销售时间及进度，可将房地产销售分为预热期、公开销售期、持续在售期和尾盘销售期，不同时期要求完成的销售量有所不同。制订销售计划的作用一方面是对比实际执行效果与计划指标的差异，找出原因，及时调整营销方案，保证总体销售目标的实现。另一方面，项目不同销售期，营销策略的侧重点也会不同。例如，预热期的推广主要是整个项目的形象推广，不需要涉及具体的情况，这个阶段广告的作用较为重要。而尾盘期则以配套工程竣工为主，并辅以适量的价格策略。

在实际销售代理工作中，尤其是在主动寻找销售代理项目时，为向房地产开发企业展示自身实力，项目营销策划方案的制定工作一般在前面所讲的"委托阶段"就已完成，接受委托后所做的工作则主要是对之前的营销策划方案做进一步修改完善。

（二）准备销售资料

销售资料包括项目的审批文件、销售文件、宣传资料及房地产经纪机构代销的证明文件等。

1. 项目审批文件

国家按照未竣工项目和竣工项目的销售分别设定了不同法律条件，且要求公示在项目销售处，达到信息透明及便于购房客户查阅的目的。重要的审批文件包括"五证两书"。其中"五证"指"国有土地使用证""建设用地规划许可证""建设工程规划许可证""建设工程施工许可证""商品房销售（预售）许可证"；"两书"指《住房质量保证书》《住宅使用说明书》。

2. 销售文件

（1）价目表。价目表可以按每套房的单价，也可以按每套房的总价或单价同时标注。最终确定并用于销售的价目表需要开发企业的有效盖章，以作为当期交易的价格依据。

关于价目表，房地产经纪人员必须熟悉每个单位房号与实物的对应关系，以及不同房号之间的关系，最好能够做到熟记价目表，有利于在销售过程中引导客户。

（2）销控表。通过销控表可以直接体现不同房号（单元）的销售状况，可以依据销控表准确地向客户推介房号，同时也是避免同一房号重复销售的重要工具之一。因此，房地产经纪人员应及时更新已售房号或未售房号。

（3）客户置业计划。项目在推向市场时，不同面积、不同楼层、不同朝向的房屋总价也不同，房地产经纪人员事先制订出完善的置业计划，向购房人展示不同房屋在不同付款方式下所需支付的金额，便于购房人根据自身条件做出自己的选择。

（4）须知文件。须知文件包括购房须知、购房相关税费须知及抵押贷款须知等。购房须知是为让购房者明晰购买程序而事先制定的书面文件。购房相关税费须知是向购房人说明购房相关税费及收费标准的有关文件。抵押贷款须知应由项目的贷款银行提供，一般包括办理抵押贷款的手续和程序介绍、办理抵押贷款的条件和需要提供的资料说明、抵押贷款的方式介绍、抵押贷款的注意事项等。为了便于向购房人介绍购房有关内容，房地产经纪人员对这些须知文件应了然于心。

（5）商品房认购协议或意向书。商品房认购协议或意向书是商品房买卖双方在签署预售合同或买卖合同前所签订的文书，是对双方交易房屋有关事宜的初步确认，即开发企业承诺在一定期间内保证不将房屋卖给除认购人以外的第三人，认购人则保证将在此期间内遵循协议约定的条款与开发商就买卖房事项进行商谈。商品房认购协议书中，一般要确认认购人打算购买的商品房的位置、朝向、楼层、房价及签订商品房买卖合同的时间。

（6）商品房买卖合同。决定认购后，买方要与房地产开发企业签订正式的买卖合同。房地产经纪人员要了解合同文本的内容和签订的注意事项。

3. 宣传资料

宣传资料是将项目在定位、产品、建筑风格等信息，以画面、文字、图示的方式传递给客户，以增加客户的感知，一般包括楼书、户型手册、宣传页、宣传片等。

4. 商品房销售委托书

由房地产经纪机构代为销售的，应当向购房人出示商品房的有关证明文件和商品房销售委托书，以便购房人了解委托内容。

（三）布置销售现场

房地产项目在销售前，需要对包括售楼处、样板间、看房通道、形象墙、导示牌等销售现场进行包装，以将项目的质量品质、房企品牌影响力、服务体验等有形和无形的价值点成功传递给客户，达到促进客户购买决策的效果。

（四）配备及培训销售人员

1. 组建销售团队

房地产销售中，一般根据项目的销售阶段、项目销售量、销售目标、宣传推广等因素决定销售人员数量，然后根据销售情况进行动态调整。选择销售人员时，应注重对基本的专业素质和沟通能力的考察。

2. 培训销售人员

培训内容包括房地产开发企业基本情况、销售项目基本情况、销售技巧及签订买卖合同的程序等。

三、销售阶段

展开销售活动是商品房销售代理业务中的主要工作，包括客户积累、现场接待、了解客户的购买意向和需求、协商谈判、签订商品房认购协议书、协助签订商品房买卖合同等关键环节。

（一）积累客户

在正式开盘前，房地产经纪人员通过项目宣传推广及其他渠道积极拓展客户，吸引潜在购房客户进行电话或现场咨询。这一方面是为了保证正式销售时刻到场人员的数量，确保良好的销售氛围；另一方面，通过客户积累也初步了解客户购买需求及购买诚意度，以便更好地调整营销方案。

（二）现场接待

现场接待是展示项目特点最直观的方式，也是获取购房客户最为有效的途径。因此，房地产经纪人员应重视现场接待工作。现场接待的流程一般为：

（1）及时接待来访客户，简洁明了地做自我介绍。

（2）通过讲解区域、沙盘、模型、观看项目影像等，向购房客户介绍项目的基本情况。

（3）参观样板间及园林等配套景观，突出亮点。

（4）返回售楼处。现场接待时除了注重仪容仪表，态度亲和，服务周到外，房地产经纪人员还应仔细倾听，及时捕捉购房客户需求，有针对性地介绍产品，并对项目及周边竞争产品情况非常熟悉，以便在回答购房客户问题时做到对答如流，展示专业形象。房地产经纪人员接待中常犯的错误有：对客户有成见，不认真介绍；有优越感，不仔细聆听客户谈话；过于功利，一味地要求客户购买；对项目了解不够，不够专业；对周边竞品进行贬低；为了促成交易，超范围承诺或提供虚假信息。

（三）协商谈判

购房客户在对项目达成初步购买意向后，房地产经纪人员应根据客户需求推荐房屋，确定意向房号，计算不同意向房号的房屋的总价，并考虑客户的购买力，制订不同的置业计划，计算出不同贷款方式和不同还款方式下的还款额。

四、签约阶段

（一）与客户签订认购协议书

购房客户确定房号后，房地产经纪人员即可与其签订商品房认购协议书。签订前，房地产经纪人员要做到以下事项：确认购房客户购买资质（限购背景下）、贷款资格；核实购房人有效身份证件，如委托他人买房，购房客户应出示公正委托书；提醒购房客户查看购房须知、注意购房风险；向购房客户解释商品房认购协议条款内容，尤其是"定金"和"订金"的区别；签订认购协议书后是否可更名、是否可换房；认购协议约定办理商品房买卖合同签署的时间及所需文件，以及抵押贷款等购房手续等。

在客户认同协议书内容并缴纳认购定金后，即可签订《商品房认购协议书》，协议书签订后，房地产经纪人员应在销控表上注明某套房屋已出售。

房地产经纪人员在签订认购协议书时易犯的错误有：未仔细核对房号，造成错卖房号；计算房价及贷款时，不够认真细致；限购情况下，未查明购房人购房、贷款资格等。另外，值得说明的是，认购协议书的签订并不是商品房销售代理业务中必需的流程。

（二）协助签订商品房买卖合同

在认购协议书约定时间内，房地产开发企业应与购房人签订商品房买卖合同。签订前，房地产经纪人员应协助做好以下事项：在商品房认购协议规定时间内预约客户办理《商品房买卖合同》签订手续，并提醒客户应携带的材料；查验客户《商品房认购协议》及定金收据，审核客户身份证、户口本、婚姻证明以及其他相关材料；带领客户缴纳购房款，一次性付款则缴纳全款，抵押贷款则缴纳首付款；在具备网上签订合同条件的城市，通过网签系统填写商品房买卖合同相关内容，并打印正式合同，不具备网签条件的区域，则事先准备好商品房买卖合同；就购房事项向购房人进行说明，包括解释《商品房买卖合同》有关条款，应纳税费明细等。

五、房屋交验阶段

房屋交验是商品房销售代理的最后环节。房地产经纪人员根据商品房买卖合同、住宅质量保证书、住宅使用说明书、建设工程竣工验收备案证明等文件，协助房地产开发企业、买方对房屋面积、设施设备、装饰装修、建筑质量等状况进行验收，并办理签收手续。

六、结算阶段

房地产开发企业与房地产经纪机构根据房地产经纪服务合同的有关内容，确认商品房销售代理佣金额。房地产开发企业支付佣金后，房地产经纪机构应开具相应发票。

房地产经纪机构无权向买方收取任何费用，房地产经纪人员应及时将收取的佣金等经纪服务费用交到经纪机构，不得私自挪用。

第二节　新建商品房买卖合同

一、合同签订前的准备

（一）向买方说明与开发企业的关系

目前房地产项目已经初步实现了产销分离。在商品房销售中，由房地产经纪机构全程代理销售的情况日益增多。销售现场的销售人员往往就是房地产经纪机构的经纪人员。买方往往将经纪人员视为房地产开发企业的员工，可能提出的一些问题和要求是需要开发企业解决的，经纪人员作为现场销售人员无法解决。因此，及时向买方说明自己房地产经纪人员的身份，说明自己或自己所属经纪机构与开发企业的关系，可以厘清经纪机构和开发企业的责任界限。

（二）商品房项目的主要情况及物业管理情况介绍

在签约前，房地产经纪人员应向买方客观介绍开发企业的实力和水平、开发资质等级、信誉度、项目的具体情况，特别注意介绍其房屋质量、售后服务与物业管理等情况。其中，物业管理情况包括前期物业管理和管理规约的情况、物业管理的收费情况等。

（三）提供项目查询服务

房地产经纪人员在签订买卖合同前，需要告知买方可以亲自或者由房地产经纪人员帮助查询、核对相关预售许可证的信息；有权了解项目有关的情况，如开发进度、具体的竣工日期及其项目是否办理抵押等情况；有权了解项目的价格、销售等情况；有权实地考察项目及其配套的设施设备情况。房地产经纪人员可以帮助核对开发企业提供的有关预售资料，并可以提供网上查询的帮助。

（四）说明认购协议书或意向书的作用

买方确定购买意向后，很多开发企业采取签订认购协议书或者意向书的方式锁定客户。有的认购协议书或意向书仅仅约定买方有购买房屋的意向，但对所购房屋的情况（如商品房的基本情况、面积、价格、房号等）均没有具体约定，或者约定将来拟购买该商品房项目，但具体条款需要另行拟定。认购协议书或意向书并不能代替正式的商品房买卖合同。根据认购协议书或者意向书的内容，法律上可以认定其为预约合同。如果认购协议书或者意向书的内容完全符合商品房买卖合同的特征和要求（已经具备了商品房买卖合同的主要内容或条款，即具备建设部令第 88 号《商品房销售管理办法》第十六条规定的主要条款），并且卖方已经按照约定收受购房款了，则在法律上视其为商品房买卖合同。

（五）推荐买卖合同文本

为了保证将来过户登记的顺利进行，应首先推荐使用有关部门制订的商品房买卖合同示范文本。

1. 示范合同文本及使用说明

在销售时，房地产经纪人员需要首先提供商品房买卖合同供买方查看阅读。在大部分城市，商品房买卖合同是政府部门（房地产管理部门或者房地产管理部门与工商管理部门）制作的示范合同文本，许多城市商品房买卖合同实现了网上签约。在使用这类合同时，经纪人员需要说明很多条款是事先确定好的，但空白条款的内容是可以协商的，买方如有特殊要求，可以签订补充条款。

2. 房地产开发企业格式文本相关条款的说明

因一些房地产开发企业暂时不具备签订示范合同的条件，可能会在正式签订示范合同前，要求买方签订本企业制定的商品房买卖合同。此类合同将来可能是作为示范合同的附件，也有可能作为草签的合同，如其内容被后签的示范合同内容取代，此合同即作废。在签订这类合同时，经纪人员要告诉买方，为顺利办理房地产的过户登记，最终要签订示范合同。

如使用作为卖方的房地产开发企业所制作的格式合同，需要向买方解释清楚格式条款的含义。根据我国《合同法》的规定，提供格式条款一方有提示、说明的义务，应当提醒对方注意免除或者限制其责任的条款，并按照对方的要求予以说明；免除提供格式条款的一方当事人（即房地产开发企业）的主要义务、排除买方主要权利的格式条款无效；对格式条款的理解发生争议的，应按通常理解予以解释；对格式条款有两种以上解释的，应当做出不利于提供格式条款一方的解释，即法律上做出不利于房地产开发企业的解释。

（六）解释商品房销售的法律规定

按照规定，购买的商品房项目如果尚未竣工，应具有"商品房预售许可证"。房地产经纪人员需要告知买方，具备"商品房预售许可证"的项目才可以合法销售。未取得预售许可证，其签订的买卖合同无效。

二、签订新建商品房买卖合同

按照规定，预售的项目是未通过竣工验收的，需要签订商品房买卖（预售）合同。现售的项目是已经通过竣工验收的，需要签订的是商品房买卖（现售）合同。房地产经纪人员需要向买方解释签订哪种合同，然后再将合同主要内容向买方解释清楚。

（一）商品房预售、现售合同主要内容

根据《商品房销售管理办法》的规定，房地产开发企业和买受人订立书面商品房买卖合同应当明确以下主要内容：

（1）当事人名称或者姓名、住址。

（2）商品房基本情况。

（3）商品房的销售方式。

（4）商品房价款的确定方式及总价款、付款方式、付款时间。

（5）交付使用时间及日期。

（6）装饰、设备标准承诺。

（7）供水、供电、供热、燃气、通信、道路、绿化等配套基础设施和公共设施交付承诺和有关权益、责任。

（8）公共配套建筑的产权归属。

（9）面积差异的处理方式。

（10）办理产权登记有关事宜。

（11）解决争议的办法。

（12）违约责任。

（13）双方约定的其他事项。

（二）指导当事人填写示范合同

房地产经纪人员应该根据示范合同文本，按照有关商品房买卖的法律规定，解释合同条款的含义，指导当事人正确填写空白条款。

房地产经纪人员需要对买方说明，买方有权要求出售方出示该项目的商品房预售许可证，并按时交付质量合格的房屋。对于买卖双方来说，合同主要的义务在于按时交付房款和按照合同约定交付房屋。另外，买卖双方均有义务配合办理过户登记手续。

三、新建商品房买卖合同风险防范

（一）商品房买卖（预售）合同风险防范

作为房地产开发企业代理方的经纪机构需要特别注意，在商品房销售合同中，不仅需要预售方在合同上盖开发企业的公章，还需要有该房地产开发企业法定代表人的签字（章）。

商品房预售由于是销售尚未建成的房屋，因此客观上存在一定的法律风险。房地产经纪人员应提示合同可能存在的主要风险，做好以下风险防范工作。

1. 土地与开发情况说明

主要是查实预售项目的土地性质、规划用途、来源、使用年限、是否设有抵押等情况以及开发项目的其他具体情况。

2. 房屋图纸与结构的确认

房屋相关的图纸一般作为合同的附件。为防止以后发生争议，经纪人员应告知买方图纸应经双方认可并签字（章），特别是需要开发企业的签字（章）认可，也要提示注意作为合同重要内容的房屋结构与图纸的一致性。

3. 宣传资料与广告明示内容写入合同

商品房销售广告与宣传资料所明示的事项应当写入合同。根据有关规定，出卖人就商品房开发规划范围内的房屋及相关设施所作的说明和允诺具体确定，并对商品房买卖合同的订立以及房屋价格的确定有重大影响的这部分内容，即使未写入商品房买卖合同，也视为合同内容，违反承诺需要承担违约责任。

4. 面积误差条款的约定

作为预售房，在签订预售合同时，其销售的面积是预测的。最后结算的面积是以房地产权属证书所记载的面积为准，而房地产权属证书所记载的面积为实测面积。因此，合同面积与房地产权属证书面积之间可能存在一定的误差。经纪人员应提醒当事人在合同中约定交付面积与实测面积发生误差时的处理方式，或在合同中直接约定误差解决方式适用有关部门的规定（如适用《商品房销售管理办法》的规定）。合同中也需要约定套内面积和建筑面积、公摊的公用面积等误差处理方式，公用面积分摊方式应有明确约定。

5. 合同备案的约定

在政府制定的示范文本中一般都规定了"自合同签订（　）日内办理备案手续"的条款。如果使用非示范合同文本，则房地产经纪人员需要提示当事人就备案进行约定，特别是要约定备案是否为合同有效的条件，即合同是否备案后才生效。

6. 相关费用的承担与前期物业管理的约定

就购买的商品房的价格，需要在合同中说明是否包含其他费用，如煤气管道、水、电增容、网络光纤、有线电视、装饰装修及设施设备费用等。由于很多城市的示范合同文本将前期物业管理有关条款作为合同的组成部分（附件），如此则在签订合同的同时必须就前期物业管理和物业管理规约进行选择或者约定。

7. 交付和保修及风险责任的约定

经纪人员需要提示当事人将交付期限约定清楚。对于合理顺延期也要约定，合理顺延的理由一定要在合同中写明。如约定除不可抗拒力以外，哪些理由可以延缓交付。一定要注明买方接管房屋时应按合同要求验收。此外，国家关于逾期办理房地产权属证书有责任规定，因此要约定双方办证的条件和程序，明确双方的逾期责任，并且约定交付时提供"两书"。

风险责任一般约定是房屋交付后转移，但是需要就房屋交付的程序进行约定，特别是约定一方不配合交付的情况下如何处理及责任认定的原则，如开发企业按时交付，买方不及时收房，则可以约定开发企业不承担违约责任。

8. 定金罚则的提示

在签订定金条款时，房地产经纪人员需要告知当事人定金的性质和定金罚则的内容，并准备好相关的单据供当事人填写。

9. 合同附件和补充条款的说明

房地产经纪人员最好在签订合同时就附件的性质和作用提醒当事人，如附件是否作为合同的组成部分，并提醒买方附件签字（章）后生效等。

所有的补充条款均需要双方当事人同意并签字（章）。经纪人员在签约时提示当事人如有图纸等附在合同后面，均需要双方签字并且盖骑缝章。

（二）商品房买卖（现售）合同风险防范

房地产经纪人员在代理销售已经通过竣工验收的商品房时，应当做好以下工作。

1. 确认开发企业是否已将建成的商品房出租

作为已经竣工验收的房屋，开发企业可能存在出租后转销售的情况。如果买方是承租人当然不存在问题。但如果买方不是原来的租户，则房地产经纪人员一定要落实原承租人是否已经放弃了优先购买权（要书面说明）。如果原租约未到期，买方还需让原承租人住到租期届满，并且还要提示双方约定租金及押金的收益归属。

2. 定金罚则的说明

在签订定金条款或者定金合同时，经纪人员应说明定金合同（或定金条款）是定金实际交付后才生效，且适用定金罚以实际交付的数额为准。

3. 广告合同责任的约定

通常在开发企业的宣传资料和广告中有关项目的描述有很多。哪些是需要排除的，最好在合同中阐明，以免成为纠纷的缘由。根据规定，商品房销售广告和宣传资料所明示的事项，当事人应当在商品房买卖合同中约定。

4. 面积条款的确定

现售房屋已经通过竣工验收，面积误差存在可能性较少，所以房地产经纪人员应提示当事人在合同中写清销售面积是否为实测面积。

5. 交付"两书"的提示

由于是现房销售，经纪人员应当提醒约定交付"两书"，提示注意保修责任。

6. 配套设施设备的交付约定

合同中应约定配套设施设备交付的时间、交付的状态、交验的具体程序和责任的承担。

7. 产权过户的提示

合同中须说明现房是否具备办理房地产权属证书的条件。如果尚不能办理，需要特别声明。经纪人员应提醒买方注意办理房地产权属证书的时间和责任。

8. 相关费用的承担说明

合同中需要约定销售价格包含的内容，价格之外的任何其他收费均需要明确说明，税费的分担也要写明。

9. 物业管理的说明

房地产经纪人员应提醒当事人合同中需要写明有关物业管理的约定是否为前期物业管理。

10. 图纸交付与合同附件的约定

合同中需要写明图纸是否作为合同附件，或者单独交付有关图纸。有关房屋的补充协议或者其他附件是否为合同的组成部分。经纪人员需要提醒当事人合同和图纸均需要双方签字（章），避免纠纷。

11. 交付验收的提示

合同中需要约定交付的时间、地点、验收的标准和程序，装饰装修情况、设备交付和验收以及延迟交付的责任。

12. 风险责任的约定

房地产经纪人员需要提醒当事人在合同中明确约定房屋的风险责任转移时间、标准。业内通常以房屋交付为标准，但需要提醒当事人注意，如因某一方的责任导致的交付延迟所产生的责任如何承担。

13. 补充条款的签字（章）

房地产经纪人员需要特别提示当事人，所有的附件、补充条款和图纸均要签字（章），避免日后发生争议。

（三）商品房买卖合同的核对与保管

商品房销售中，可能有预订、意向销售的情况，或为办理贷款、过户当事人可能签有多份协议，房地产经纪人员一定要注意协议间内容的一致性，并应该约定如各协议或文本有内容不一致的，以最终作为正式买卖合同的文本为准。特别是注意网签上传的合同和纸质合同的一致性。为防止将来产生合同争议，作为专门代拟合同的房地产经纪人员需要保管一份核对无误的纸质合同存档备案。

四、新建商品房买卖合同登记备案

商品房的预售合同必须进行备案登记，这是法律规定。房地产经纪人员需要告知买方具体的规定和办理网签备案所需要的材料。

（一）网签商品房买卖合同

很多城市对于商品房买卖合同都实行了网上签约。作为开发企业代理方，房地产经纪人员需要告知买方网签和登记备案的法律意义，并做好相关工作。

1. 通过网络查询拟销售的商品房项目的网上资料

取得预售许可证的商品房项目或者合法销售的商品房现售项目一般都可以在当地房地产管理部门的官网上查询到相关的资料，甚至可以在网上查到该项目的示范合同文本的具体条款内容。

2. 告知买方商品房买卖合同的网签程序

根据项目所在地的规定，告知双方如何办理商品房买卖合同的网签手续。

3. 协助房地产开发企业和买方准备网签材料

协助房地产开发企业准备好办理网签的公司资质材料和项目材料；协助买方准备办理网签材料。

4. 网上签订商品房买卖合同

一些城市的商品房买卖合同的网签是通过给予开发企业的密钥进行的。作为开发企业的代理方，如房地产经纪机构掌握密钥，可以帮助当事人网签合同。

（二）商品房买卖合同登记备案

房地产经纪人员在协助当事人办理好网签手续后，应督促并帮助当事人办理商品房买卖合同的登记备案。

1. 督促并协助买方办理商品房买卖合同网上备案

有些城市规定，在网上签约的同时需要办理商品房买卖合同的网上备案。但是经纪人员需要明确告知买方是否同时办理网上备案，或者办理网上备案的具体时间，建议网签与合同备案同时办理。

2. 协助签订纸质合同

在网上签订合同之后，需要及时协助当事人下载纸质合同，并填写需要手工填写的条款。最主要的是让当事人及时在纸质合同上签字（章），以免出现网上合同和纸质合同的签约时间脱节，导致对合同效力产生争议。

3. 督促并协助买方办理纸质合同的登记备案

网上备案或下载并填写纸质合同后，房地产经纪人员要督促买方及时办理纸质合同备案。一般示范合同中均有关于商品房预售合同登记备案的条款，如 2014 年住房城乡建设部和工商总局的新版合同规定：出卖人应当自本合同签订之日起【　日内】（不超过 30 日）办理商品房预售合同登记备案手续，并将本合同登记备案情况告知买受人。

商品房买卖合同备案需要双方当事人共同办理，如果是经纪机构代办，应事先要求开发企业准备好有关材料，并与买受人约定具体的办理时间。

4. 推荐办理商品房预告登记

一些城市将预告登记和备案登记合二为一，一般在合同中约定当事人办理预告登记手续。也有一些城市仅要求办理合同登记备案，是否办理预告登记由双方当事人自行约定。为保证买方权利，经纪人员可以解释并推荐办理预告登记。

第三节　新建商品房买卖的税收

一、新建商品房买卖税收

（一）增值税、城市维护建设税及教育费附加

营改增之后，销售不动产、转让土地使用权，增值税适用税率为 11%。根据《营业税改征增值税试点过渡政策的规定》，个人销售自建自用住房，免征增值税。新建商品房的销售人在需要征收增值税的情况下，按应缴纳增值税的一定比例缴纳城市维护建设税和教育费附加，具体规定已在第三章第五节中说明，这里不再赘述。

《营业税改征增值税试点有关事项的规定》的相关规定如下：

（1）一般纳税人销售其 2016 年 4 月 30 日前取得的不动产（不含自建），适用一般计税方法计税的，以取得的全部价款和价外费用为销售额计算应纳税额。上述纳税人应以取得的全部价款和价外费用减去该项不动产购置原价或者取得不动产时作价后的余额，按照 5% 的预征率在不动产所在地预缴税款后，向机构所在地主管税务机关进行纳税申报。

（2）房地产开发企业中的一般纳税人销售房地产项目，以及一般纳税人出租其 2016 年 4 月 30 日前取得的不动产，适用一般计税方法计税的，应以取得的全部价款和

价外费用，按照 3%的预征率在不动产所在地预缴税款后，向机构所在地主管税务机关进行纳税申报。

（3）一般纳税人销售其 2016 年 4 月 30 日前自建的不动产，适用一般计税方法计税的，应以取得的全部价款和价外费用为销售额计算应纳税额。纳税人应以取得的全部价款和价外费用，按照 5%的预征率在不动产所在地预缴税款后，向机构所在地主管税务机关进行纳税申报。

（4）一般纳税人销售其 2016 年 4 月 30 日前自建的不动产，可以选择适用简易计税方法，以取得的全部价款和价外费用为销售额，按照 5%的征收率计算应纳税额。纳税人应按照上述计税方法在不动产所在地预缴税款后，向机构所在地主管税务机关进行纳税申报。

（5）一般纳税人销售其 2016 年 5 月 1 日后自建的不动产，应适用一般计税方法，以取得的全部价款和价外费用为销售额计算应纳税额。纳税人应以取得的全部价款和价外费用，按照 5%的预征率在不动产所在地预缴税款后，向机构所在地主管税务机关进行纳税申报。

（6）小规模纳税人销售其自建的不动产，应以取得的全部价款和价外费用为销售额，按照 5%的征收率计算应纳税额。纳税人应按照上述计税方法在不动产所在地预缴税款后，向机构所在地主管税务机关进行纳税申报。

（7）房地产开发企业中的一般纳税人，销售自行开发的房地产项目，可以选择适用简易计税方法按照 5%的征收率计税。房地产开发企业中的小规模纳税人，销售自行开发的房地产项目，按照 5%的征收率计税。

（8）房地产开发企业采取预收款方式销售所开发的房地产项目，在收到预收款时，按照 3%的预征率预缴增值税。

（二）土地增值税

转让新建商品房并取得收入的单位和个人，应当缴纳土地增值税。计算土地增值税应纳税额，并不是直接对转让房地产所取得的收入征税，而是要对收入额减除国家规定的各项扣除项目金额后的余额计算征税（这个余额就是纳税人在转让房地产中获取的增值额）。纳税人建造普通标准住宅出售，增值额未超过扣除项目金额 20%的，免征土地增值税；增值额超过扣除项目金额 20%的，应就其全部增值额按规定计税。对于纳税人既建造普通标准住宅，又搞其他房地产开发的，应分别核算增值额。不分别核算增值额或不能准确核算增值额的，其建造的普通商品住宅不能适用这一免税规定。自 2008 年 11 月 1 日起，对个人销售住房暂免征收土地增值税。

1. 税率

土地增值税实行四级超率累进税率：
（1）增值额未超过扣除项目金额 50% 的部分，税率为 30%。
（2）增值额超过扣除项目金额 50%、未超过扣除项项目金额 100% 的部分，税率为 40%。
（3）增值额超过扣除项目金额 100%、未超过扣除项项目金额 200% 的部分，税率为 50%。
（4）增值额超过扣除项目金额 200% 的部分，税率为 60%。

2. 计税公式

在实际工作中，一般可以采用速算扣除法计算：
（1）增值额未超过扣除项目金额 50% 时，计算公式为：土地增值税税额＝增值额×30%。
（2）增值额超过扣除项目金额 50%，未超过 100% 时，计算公式为：土地增值税税额＝增值额×40%−扣除项目金额×5%。
（3）增值额超过扣除项目金额 100%，未超过 200% 时，计算公式为：土地增值税税额＝增值额×50%−扣除项目金额×15%。
（4）增值额超过扣除项目金额 200% 时，计算公式为：土地增值税税额＝增值额×60%−扣除项目金额×35%。

3. 应扣除项目

税法准予纳税人从转让收入额中减除的扣除项目包括如下几项：
（1）取得土地使用权所支付的金额。
（2）房地产开发成本。
（3）房地产开发费用。
（4）与转让房地产有关的税金。
（5）其他扣除项目。
（6）旧房及建筑物的评估价格。

（三）企业所得税

从事房地产开发经营的单位和个人应缴纳所得税，房地产开发企业的经营收入主要是租售收入。居民企业所得税税率为 25%，非居民企业取得所得应缴纳企业所得税的，适用税率为 20%。从事房地产开发经营的个人以转让房屋所得缴纳个人所得税，税率为 20%。

（四）印花税

新建商品房买卖，由订立合同的双方当事人，按照 0.05% 的比例缴纳印花税。买受人应缴纳每证 5 元的权证印花税。自 2008 年 11 月 1 日起，对个人销售和购买住房免征合同印花税。

（五）契税

新建商品房的买受人需要缴纳契税，按照 3%~5% 的比例缴纳，具体税率由地方规定。自 2016 年 2 月 22 日起，对个人购买家庭唯一住房（家庭成员范围包括购房人、配偶以及未成年子女，下同）面积为 90m² 及以下的，减按 1% 的税率征收契税；面积为 90m² 以上的，减按 1.5% 的税率征收契税。除北京市、上海市、广州市、深圳市外，对个人购买家庭第二套改善性住房，面积为 90m² 及以下的，减按 1% 的税率征收契税；面积为 90m² 以上的，减按 2% 的税率征收契税。

二、新建商品房买卖环节费用

新建商品房买卖环节的费用主要包括住宅专项维修资金、住房交易手续费、评估费、住房公积金贷款担保费、公证费、登记费和房地产经纪服务佣金等费用，具体支付标准和支付要求参照存量房买卖环节费用。

第四节　新建商品房查验与交接

一、前期准备

新建商品房交接时双方都应备齐购房有关手续，开发企业应准备好《住宅质量保证书》《住宅使用说明书》《建设工程竣工验收备案证明》《前期物业管理合同》《业主临时管理规约》等。房屋买受人应带好身份证件、前期物业管理合同、临时管理规约和书面交房通知。

房地产经纪人员应准备好有关验房工具及查验和交接房屋时必需的表格、单据或文本。主要有查验记录表、空白的查验报告书、必要事项告知单、房屋交接表或交接确认书等。

二、检查资料

(一) 开发企业提供的资料

1. 《住宅质量保证书》

《住宅质量保证书》是开发建设单位对商品房住宅承担质量责任的法律文件，具有法律效力。开发建设单位应根据《住宅质量保证书》上约定的房屋质量标准承担维修、补修的责任。鉴于房屋的特殊属性，为了维护购房者的合法权益，国家对住宅质量进行了专项规定，要求开发建设单位建造的房屋必须达到一定的质量标准，并要求其承担一定期限的保修责任。房地产经纪人员查验资料时，应注意各个部位质量标准，以便查验时核对。

通常房屋保修的事项应由开发建设单位亲自负责维修和处理。如果开发建设单位委托物业服务企业或其他单位负责保修事宜的，必须在《住宅质量保证书》中对所委托的单位予以明示，保证购房者权益获得实际保护。房地产经纪人员应注意查阅有关文件，并将主要内容告知委托人。

2. 《住宅使用说明书》

《住宅使用说明书》是指住宅开发建设单位在交付住宅时提供给用户，以告知住宅合理、安全、方便使用及相关事项的文本。房地产经纪人员应根据《住宅使用说明书》的提示，向买受人进行解释并说明使用注意事项。

3. 《建设工程竣工验收备案证明》

合格的商品房应在建设行政主管部门或者其他有关部门备案。只有具备《建设工程验收备案证明》的住宅项目才可以入住。房地产经纪人员应查验开发建设单位的建设工程竣工验收备案证明。

(二) 买受人提供的资料

购房时，开发企业已将有些凭证交给买受人，在交接时需要凭此办理有关手续。房地产经纪人员应查验买受人的相关文件。

1. 《商品房买卖合同》

《商品房销售管理办法》第十六条规定："商品房销售时，房地产开发企业和买受人应当订立书面商品房买卖合同。"合同中包括了商品房基本状况，还有供水、供电、供热、燃气、通信、道路、绿化等配套设施和公共设施的交付承诺和有关权益、责任以及公共配套建筑的产权归属。这些都是房地产经纪人员查验和交接时关注的重点，必须认真逐一查验。

2. 《前期物业管理服务协议》

《前期物业管理服务协议》是房地产开发建设单位和物业服务企业就前期物业管理阶段双方的权利义务所达成的协议，是物业服务企业被授权开展物业管理的依据。前期物业管理的节点是业主大会成立之前。签署购房合同时，开发企业应将合同展示给买受人（给买受人一份复印件）并要求买受人在前期物业管理合同的确认书上签字。买受人入住时，应凭此合同与物业服务企业商洽，确认日后有关公有设施设备和公有部位使用过程中的权利及义务。

3. 《业主临时管理规约》

业主临时管理规约是由开发建设单位制定，买受人签字确认，规范区分所有建筑物或建筑区划内业主权利、义务、责任的法律文件。为了让买受人明确自己的权利义务，《物业管理条例》规定："建设单位应当在房地产销售前将《业主临时管理规约》向房地产买受人明示，并予以说明。"

房地产买受人在与建设单位签订房地产买卖合同时，应当对遵守《业主临时管理规约》予以书面承诺。签署购房合同时，买受人应对《业主临时管理规约》签字确认。《业主临时管理规约》对全体业主具有约束力，因此入住时应持有此文件。

4. 书面《交房通知》

按照《最高法院商品房买卖合同司法解释》的规定，"房屋的转移占有，视为房屋的交付使用"。通常是房地产开发建设单位在取得《建设工程竣工验收备案证明》后，向买受人发放商品房书面《交房通知》。买受人凭此办理验房和收房手续，必须携带。

三、实地查验

（一）环境

商品房的环境分为小区的周边环境和小区内的环境，包括交通、购物、教育、景观、绿化、基础设施和配套设施等。房地产经纪人员在现场查验时，主要应对照开发建设单位销售时的承诺，将所发现的问题记录在查验报告中，提醒买受人与出售人交涉。

(二) 户外查验

1. 建筑外饰面

现在建筑物外墙都有装饰面，其材料有的是瓷砖、陶瓷锦砖、石材以及外檐涂料等。这些部位如果出现裂缝、雨水渗入，则可造成室内墙体常年潮湿甚至发霉。若在北方，问题更加严重，渗入的水遇冷结冰，冻融次数增多，体积发生变化，最终会使外饰面脱落。因此，查验时必须注意外墙是否有裂缝，楼层较低时可在楼下用望远镜观察，楼层较高时可在阳台上观察。

2. 电梯

电梯属于特殊设备，国家有专业管理的部门和法规，商品房投入使用前必须由其检查验收方可使用。房地产经纪人员查验时，应该注意查阅相关文件并注意轿厢内是否有检查合格的标志。

3. 入户门

现在商品房的入户门大多是防盗门，这是商品房专有部位和公有部位的分界线。主要查验使用功能和外观，防盗门的规格和品种较多，主要应对照说明书检查是否相符，合页、门锁以及对讲设备的功能应重点检查。外观主要看表面是否洁净、平整、光滑，有无痕迹和碰伤等。

4. 采光

检查房屋的窗前有无遮挡物影响室内采光。对于楼层较低的房间更要注意，如果与承诺不符，应提醒买方并在房屋报告中指出，供委托人参考。

(三) 户内查验

户内查验是房屋查验的重点，包括空间大小、结构、装修和设备等。

1. 面积（建筑面积、使用面积、套内面积、公摊面积等）

每个房间的大小可用激光测距仪测量并自动计算面积，最后相加求出使用面积。墙体面积可以用厚度测量仪测量厚度，用激光测距仪测量长度，然后求出面积。通过面积计算公式，求得各类面积。如果估算的面积与合同约定面积差距较大，需要找专业的测量机构重测面积。

2. 高度

要核实层高和净高。按照《住宅设计规范》规定，层高是上下两层楼面或楼面与地面之间的垂直距离。层高实际上等于净高加上楼板厚度，由于中间夹着楼板，无法直接测得。净高用激光测距仪可以直接测得，楼板厚度可用厚度测量仪测出，再加上净高即可得出层高。

3. 结构

主要检查结构构件有无裂缝，需要检查的部位主要有梁、板、柱、墙等。如果在某个部位发现有裂缝，先要看是装饰装修表面裂痕，还是混凝土本身裂缝。查验所关注的应该是混凝土裂缝，这种裂缝宽度只要超过 0.05 毫米就可以用肉眼看到，宽度的大小可用裂缝刻度放大镜、裂缝对比卡、塞尺和裂缝宽度测试仪等测量。裂缝深度可用超声法检测，长度可用各种尺测量。查验报告应包括裂缝的位置、形式、走向、长度、宽度、深度和数量等情况。

4. 装饰装修

对于毛坯房主要检查是否达到装修的最低标准；对于装修房，要查看是否达到承诺的装修标准。最低标准包括：房间内采用预制楼板或现浇顶棚的，顶棚和楼面应使用腻子找平，达到板缝密实或无板缝，接槎平顺无错台，表面平整、线角顺直；各房间的基层地面，混凝土应做到表面平整、压实，达到黏结牢固不起鼓、无裂缝。对于装修房，要查看各个部位装修材料的品牌、颜色、规格、价位和施工工艺等是否与承诺一致。

5. 设施设备

（1）给水排水。主要查看管材是否有产品合格证书，设备的每个节门是否开关正常，另外还要注意计量表读数，记载下来，以便与开发商结算水费。

（2）采暖。如果是在采暖期，设备的查验比较简单，主要看是否有跑冒滴漏，温度是否达标等。不在采暖期时，要查看横竖管道的倾斜是否在允许值范围之内。还要注意散热器支架和托架的安装位置是否准确，埋设是否牢固。

（3）卫生间设备。卫生洁具品牌是否与开发商承诺的一致，进水管和排水管的链接是否严密。

（4）卫生间防水。有防水要求的房间，地面应符合防水层、保护层的要求，做到无渗漏，在查验时应进行闭水实验。如果该查验对象竣工验收时已经通过了闭水实验，则只要看实验记录或相关证明材料即可。

（5）电器设备。对于电器设备都有验收标准，可逐一对照查验，也可以查验竣工验收记录。另外，还要测试各电器主要功能并记载电表读数。

（6）燃气。燃气设备比较特殊，没有专业资质的单位不能随便触动相关设施设备，所以只查验有关文件即可。对于精装房和豪华装房，注意看一下燃气表以下的管道和灶具是否与售房时的承诺一致，以及燃气灶开关是否灵活。

（四）动产

有些"拎包入住"的商品房，带有电器、家具和其他用品等动产，也在查验范围内。查验时，应根据事先的约定查验其数量和质量。

四、办理交接手续

（一）查验问题的整理和处理

根据查验记录将存在的问题整理形成书面材料，其中包括房屋质量现状、存在的问题以及解决问题的方案。如果开发建设单位认可，应令其签字盖章。

（二）办理有关设施使用手续及交费

商品房入住时，必须先办理各种设施设备启用手续并缴纳各种费用。全国各地办事程序和所交费用多有不同，这里不能一一介绍，只讲最常见的一些情况。各种计量表的开户，有可能还涉及一些费用，有的是由开发企业缴纳，有的则是买受人缴纳，主要看购房时的约定。另外，提醒注意一下水、电、燃气和暖气表读数，如果大于零，则说明建房或试运行时使用了各种能源，查验时应记载下来，并与开发企业交涉和结算。

1. 水

城市用水费用的收缴标准根据用途不同而各异，大致可分为居民生活用水、行政事业用水、工业用水、经营服务用水和特种用水等。住宅应按居民用水缴费，但有时开发企业立项时手续有问题，易造成买受人须按工业用水缴费。针对这种情况，房地产经纪人员必须与开发企业交涉，保证买受人的权益。房屋买受人入住时，通常预交一部分水费，然后再按月继续缴纳。

2. 电

为了节约用电，目前各地区电费的收缴采用了不同的标准。有些项目由于开发前期存在某些问题，所以居民入住后一直按工业用地或临时用电缴费，引起许多纠纷。因此查验时，一定与开发企业就此问题形成书面约定。

3. 燃气

工程交验时办理好开户手续，以后费用由燃气部门收缴。

4. 供暖

应与供热部门签署供热服务合同，一般预交一年供热费。

5. 网络

现在互联网使用比较普及，而且有些小区多家竞争，买受人可以对比选择。

6. 有线电视

有线电视可通过光纤或宽带同轴电缆将多个频道视频信号传送到各个家庭，如拟使用可与相关公司签约启用。

7. 车位

现在车位分配形式不尽相同，房屋交验时要与开发企业协商签约，避免日后麻烦。

8. 维修资金

有的地区维修资金完全由买受人缴纳，有的地区则由开发企业和买受人共同缴纳。如果是前者，应在交款后确认资金是否到账；如果是后者，买受人交款并查验开发企业缴纳资金的证明后，还应确认到账情况。

（三）签署交接文件

一般新建商品房验收时都有"房屋验收记录表"和"房屋交接表"。房地产经纪人员应根据查验情况及发现的问题填写"房屋验收记录表"。"房屋验收记录表"应将需要移交的所有动产和不动产的名称、数量和质量列清，交接双方签字确认。

（四）领钥匙

以上手续办理后，应找开发建设单位领取钥匙。这里所说的钥匙包括入户门的钥匙、报箱钥匙和进小区的门禁卡以及各种能源表盒的钥匙。如拟近期搬入，还要向物业服务企业打招呼并安排时间，以免过多业主同时搬家造成拥挤。

五、注意事项

新建商品房查验时，应更加关注开发建设过程中某些原始资料的查看。由于购买商品房是产权第一次转让，登记机构需要查验原始产权构成的合法性。有些商品房因开发建设单位前期手续不全而长期不能办理发证手续。因此查验时，需要仔细查验开发建设单位资料，尤其要查看办理产权登记手续时的要件是否齐全。

第六章　个人住房贷款代办业务

第一节　个人住房贷款概述

一、个人住房贷款的概念和种类

房地产贷款按贷款用途，可分为房地产开发贷款和个人住房贷款。房地产开发贷款，是指向房地产开发企业发放的用于住房、商业用房和其他房地产开发建设的中长期项目贷款。房地产开发贷款期限一般不超过三年（含三年）。个人住房贷款，是指贷款人向自然人发放的用于购买、建造和大修各类型住房的贷款。对于房地产经纪人员，尤其是房地产经纪人协理而言，主要接触的是个人住房贷款业务。因此，本章重点介绍个人住房贷款的有关内容。

二、个人住房贷款特点

个人住房贷款对象仅限于自然人，而不包括法人。个人住房贷款申请人必须是具有完全民事行为能力的自然人。个人住房贷款是我国最早开办、规模最大的个人贷款产品。个人住房贷款与其他个人贷款相比，具有以下特点：①贷款期限长，通常贷款期限为10~20年，最长贷款期限可达30年；②还款方式绝大多数采取分期还本付息的方式；③大多数是以所购住房抵押为前提条件发生的资金贷款关系。

三、个人住房贷款的分类

（一）按贷款性质划分

根据贷款性质，个人住房贷款分为商业性个人住房贷款、住房公积金贷款和个人住房组合贷款。

1. 商业性个人住房贷款

商业性个人住房贷款是指商业银行用其信贷资金向购买、建造和大修各类型住房的个人所发放的自营性贷款。具体指具有完全民事行为能力的自然人，购买城镇自用住房时，以其所购买的住房（或银行认可的其他担保方式）作为偿还贷款的保证而向银行申请的住房商业性贷款。

2. 住房公积金贷款

住房公积金，是指国家机关、国有企业、城镇集体企业、外商投资企业、城镇私营企业及其他城镇企业、事业单位、民办非企业单位、社会团体及其在职职工缴存的长期住房储金。职工缴存的住房公积金和职工所在单位为职工缴存的住房公积金，是职工按照规定储存起来的专项用于住房消费支出的个人储金，属于职工个人所有。职工离退休时本息余额一次付偿，退还给职工本人。

住房公积金贷款是指各地住房公积金管理中心运用归集的住房公积金，委托银行向购买、建造和大修各类型住房的住房公积金缴存职工发放的住房贷款。该贷款实行低利率政策，贷款额度受到限制，带有较强的政策性。

3. 个人住房组合贷款

个人住房组合贷款是指借款人申请个人住房公积金的贷款额不足以支付购房所需资金时，其不足部分向银行申请商业性个人住房贷款，是个人住房公积金贷款和商业性个人住房贷款两者的组合。其中个人住房公积金贷款部分按住房公积金贷款利率执行，商业性个人住房贷款部分按商业性个人住房贷款利率执行。

(二) 按贷款所购住房交易形态划分

1. 新建个人住房贷款

新建个人住房贷款俗称"一手房贷款"，是指贷款机构向符合条件的个人发放的、用于在新建商品房市场上购买住房的贷款。

2. 存量房个人住房贷款

存量房个人住房贷款俗称"二手房贷款"，是指贷款机构向符合条件的个人发放的、用于购买在存量住房市场（住房二级市场）上合法交易的各类住房的贷款。

部分商业银行还开展了一些个人住房贷款的衍生义务，如"转按揭"贷款业务。"转按揭"贷款一般是指已在银行办理了个人住房贷款的借款人，在贷款清偿之前需要将房产转让给他人，而向银行申请将房产过户给受让人，并由房产受让人继续偿还贷款或重新申请住房贷款。另外，还有一种同名"转按揭"业务，就是指正处在住房贷款期间的借款人，为了增加（减少）贷款金额或延长（缩短）贷款年限或其他原因，通过担保公司担保等手段把住房按揭从一家银行转到另一家银行，其中包括"商转公"业务，即将商业贷款转换为住房公积金贷款。

第二节　个人住房贷款产品要素及流程

一、商业性个人住房贷款

（一）申请条件

申请商业性个人住房贷款应具备以下条件：

（1）具有完全民事行为能力的自然人。

（2）在当地有有效居留身份。

（3）有稳定合法的经济收入，信用良好，具有按时、足额偿还贷款本息的意愿和能力。

（4）具有真实合法有效的购买（建造、大修）住房的合同或协议。

（5）以不低于所购买（建造、大修）住房全部价款的一定比率作为所购买（建造、大修）住房的首期付款。

（6）有贷款人认可的资产作为抵押或质押，或有足够代偿能力的单位或个人作为保证人。

（7）贷款人规定的其他条件。例如，提供不受当地限购条件限制的证明。

（二）首付款比例

首付款比例是指个人首付的购房款占所购住房总价的百分比。国家信贷政策对不同时期首付款比例有明确规定，具体首付款比例由银行业金融机构根据借款人的信用状况和还款能力等合理确定。2016年2月2日，《中国人民银行、中国银行业监督管理委员会关于调整个人住房贷款政策有关问题的通知》指出，在不实施"限购"措施的城市，居民家庭首次购买普通住房的商业性个人住房贷款，原则上最低首付款比例为25%，各地可向下浮动5个百分点；对拥有1套住房且相应购房贷款未结清的居民家庭，为改善居住条件再次申请商业性个人住房贷款购买普通住房，最低首付款比例调整为不低于

30%。在此基础上，中国人民银行、中国银行业监督管理委员会各派出机构应按照"分类指导，因地施策"的原则，加强与地方政府的沟通，结合当地不同城市实际情况自主确定辖区内商业性个人住房贷款的最低首付款比例。银行业金融机构应结合各省级市场利率定价自律机制确定的最低首付款比例要求以及本机构商业性个人住房贷款投放政策、风险防控等因素，并根据借款人的信用状况、还款能力等，合理确定具体首付款比例和利率水平。对于实施"限购"措施的城市，个人住房贷款政策按原规定执行，即购买首套自住房且套型建筑面积在 90m^2 以上的家庭（包括借款人、配偶及未成年子女，下同）贷款首付款比例不得低于 30%；对贷款购买第二套住房的家庭，贷款首付款比例不得低于 50%。

（三）贷款成数

贷款成数又称贷款价值比率（LTV），是指贷款金额占抵押住宅价值的比率。各贷款银行在不同时期对贷款成数要求不尽相同，一般有最高贷款成数的规定。贷款成数一般最高不得超过住宅价值的 60%、70% 等。从理论上看，贷款成数与首付款比例并不存在换算关系。

（四）偿还比率

在发放贷款时，通常将偿还比率作为考核借款人还款能力的一个指标，偿还比率一般采用房产支出与收入比，指借款人的月房产支出占其同期收入的比率。房产支出与收入比 =（本次贷款的月还款额+月物业管理费）/月均收入。中国银行业监督管理委员会规定，应将房产支出与收入比控制在 50% 以下（含 50%）。

（五）贷款额度

贷款额度是指借款人可以向贷款人借款的限额。贷款人一般会用不同的指标，对借款人的贷款金额提出限制性规定，如规定贷款金额不得超过贷款机构规定的某一最高金额等。

（六）贷款利率

贷款利率是指借款期限内利息数额与本金额的比例。我国的利率由中国人民银行统一管理，银行贷款利率参照中国人民银行制定的基准利率，实际合同利率可在基准利率基础上下一定范围内浮动。

个人住房贷款基准利率由央行统一规定，金融机构根据商业原则通过调整贷款利率浮动区间自主确定贷款利率水平。个人住房贷款期限在 1 年以内（含 1 年）的，实行合同利率，遇法定利率调整，不分段计息；贷款期限在 1 年以上的，遇法定利率调整，于下年初开始，按相应利率档次执行新的利率规定。

（七）贷款期限

贷款期限是指借款人应还清全部贷款本息的期限。贷款期限由贷款人和借款人根据实际情况商定，但一般有最长贷款期限的规定，如个人住房贷款期限最长 30 年。贷款人在为借款人确定还款年限时一般以其年龄和房龄作为基础：年龄越小，其贷款年限越长；年龄越大，贷款年限则越短。房龄越短，其贷款年限越长；房龄越长，贷款年限则越短。通常情况下，借款人年龄与贷款期限之和不得超过 65～70 周岁，所购买的房龄与贷款年限之和不得超过 30～35 年。个人首房贷款的期限不能超过所购住房的剩余土地使用年限。

（八）还款方式

还款方式主要有等额本息、等额本金、双周供及固定利率等，分别针对不同收入的客户。例如，等额本息适合教师、公务员等收入稳定的工薪阶层，等额本金适合那些前期能够承担较大还款额的借款人群，双周供适合周结工资或者夫妻双方月中和月底发工资的借款人。各银行采用双周供及固定利率还款方式较少，一般采用等额本息和等额本金还款方式。

（九）担保方式

个人住房贷款必须提供担保，担保方式有抵押、质押、保证三种方式。在个人住房贷款业务中，采取的担保方式以所购住房抵押担保为主。在办理房屋抵押权登记前，贷款机构普遍还要求提供阶段性保证担保。对于商品房期房贷款，一般由所购住房的开发商或担保机构提供保证担保；而对二手房贷款，一般由担保机构承担阶段性保证的责任。

（十）贷款流程

1. 贷款申请

借款人要申请商业性个人住房贷款，首先需要向贷款银行提出贷款申请。受理贷款时，必须由主贷人、共有人、配偶同时到场亲笔在借款申请及相关贷款文件上签字。

2. 贷款审批

贷款银行收到借款人的资料后，从个人信用、抵押物价值和借款人的条件等方面进行贷款审查。个人的信用，目前贷款银行主要通过全国和地方个人的征信系统了解借款人的信用状况，若借款人有不良信用记录的，将不会通过贷款的审查；若借款人已发生借贷的数额达到了一定的限额，将被视为高风险贷款，可能做出减少贷款额度甚至无法获得审批通过的审贷意见。抵押物的价值，购房贷款由于其利率优惠，年限较长，主要以房地产作为抵押标的物，因此审核房地产价值就显得至关重要。确定房地产的价值，主要通过房地产估价公司给出评估价格，按评估价与实际交易价两者中较低值的60%或70%予以确定。借款人在达到了上述两项要求后，贷款银行还要根据规定对借款人的条件进一步审查，内容包括借款人的收入及财产证明、贷款的额度（包括成数和总额）、婚姻状况及配偶的认可。凡符合贷款条件的就可安排签订贷款合同。

3. 签订借款合同

对通过贷款审批的，借款人将与贷款人签订相关合同，如借款合同、抵押合同等。借款合同包括借款种类、币种、用途、数额、利率、期限和还款方式等条款。合同正本一式三份，分别由贷款方、借款方、保证方各执一份。合同副本一式一份，报送有关单位备案。

4. 抵押登记

到所购住宅所在地的不动产登记机构办理抵押登记，银行取得不动产登记证明。

5. 贷款发放

目前，银行发放贷款有两种方式，即当贷款银行获得房地产交易中心出具的抵押登记申请的收件收据后，由有资质的担保公司担保，即可放款；另一种是在贷款银行获得房屋他项权利证书（不动产登记证明）后发放贷款。二者的区别在于，获得收件收据后有可能因种种原因最终无法完成抵押登记手续，有潜在的贷款风险，但由于其贷款完成的速度较快，能满足客户的需求，因此受到借款人的青睐；而在获得房屋他项权利证（不动产登记证明）后再发放贷款，虽然减少了风险，但完成房地产贷款交易的效率因此受到影响，在存量房市场处于卖方市场时，常常不能被卖方接受。

6. 还贷

通常首期还款的时间和金额需要特别关注，一般银行会向借款人提供一个还贷专户（由还贷人按时存入，银行定时划款）。首期还贷的时间一般为发放贷款后次月的20日前，数额按照实际发放贷款的时间确定，因此首月还贷的数额和时间以银行的还款计划表为准。

7. 结清贷款、注销登记

最后一期贷款还贷，须到受理贷款的银行办理，结清贷款后，取回房屋他项权利证书（不动产登记证明）。抵押人和抵押权人持房屋他项权利证书（不动产登记证明）和银行出具的抵押注销、银行结算清单等材料，到房屋所在地不动产登记机构办理抵押权注销登记。

二、住房公积金贷款

与商业性个人住房贷款相比，住房公积金贷款在申请条件、贷款利率等方面有一些特殊的规定。

（一）申请条件

申请住房公积金个人购房贷款需在申请贷款前连续缴有一定时间的住房公积金，时间一般要求不少于 6 个月。配偶一方申请了住房公积金贷款，在其未还清贷款本息之前，配偶双方均不能再获得住房公积金贷款。

（二）首付款比例

住房公积金贷款购买首套普通自住房最低首付款比例为 20%。自 2015 年 9 月 1 日起，对拥有 1 套住房并已结清相应购房贷款的居民家庭，为改善居住条件再次申请住房公积金委托贷款购买住房的，最低首付款比例由 30%降低至 20%。北京市、上海市、广州市、深圳市可在国家统一政策基础上，结合本地实际，自主决定申请住房公积金委托贷款购买第二套住房的最低首付款比例。

（三）货款额度

一些城市对住房公积金贷款最高额度也有具体的规定，即限定住房公积金最高贷款额度不得超过一定的数额。房地产经纪人员在日常经纪活动中，要注意掌握当地住房公积金政策的具体要求。

（四）贷款利率和期限

全国施行统一的住房公积金贷款利率，贷款利率由中国人民银行提出，经征求国务院建设行政主管部门的意见后，报国务院批准。公积金贷款期限最长不超过 30 年。

（五）办理流程

（1）贷款用户先向对应的住房公积金管理部门进行咨询，提交所需材料。

（2）住房公积金管理部门进行初步的评审。需要两方面的评审，一是信用评估，二是抵押物评估。

（3）对担保中心的担保资格进行审核。

（4）双方当面签订合同。

（5）把所有的资料转到经办的银行。

（6）具备贷款条件的，住房公积金管理部门委托银行发放贷款。

三、组合贷款

组合贷款一般是借款人所需资金先申请公积金贷款，不足部分申请商业性贷款，即贷款总金额由住房公积金贷款和商业性贷款两部分组成。办理组合贷款的，公积金贷款和商业性住房贷款的贷款期限必须一致。

申请组合贷款，初审手续与住房公积金贷款相同。初审通过后，借款人到银行办理公积金贷款其他手续时，要按照银行要求填写商业贷款部分的借款申请表并办理有关手续。在组合贷款中，住房公积金贷款和商业贷款的贷款期限、借款日期和还款日期都是相同的，只不过执行不同的利率。

办理组合贷款，申请人须提供的资料一般包括：

（1）申请人及共同申请人身份证明：身份证、户口本（包含首页、户主页、本人主页、变更页）。已婚者提供婚姻关系证明（如结婚证、离婚证等），组合贷款原则上配偶需为共同申请人，到现场签字（如不能，应出具经公证的授权委托书）。共同申请的，共同申请人提供资料同申请人。

（2）已办理网签的商品房买卖合同或存量房买卖合同。

（3）活期储蓄卡或存折两张，一张用于归还住房公积金贷款用，一张用于归还商业贷款用。活期储蓄卡或存折开卡人必须为申请人。

（4）申请人所在工作单位开具的收入及职业证明：加盖公司或人事章、黑色签字填写、单位电话为固定市话号码。

（5）其他材料。

第三节　个人住房贷款代办业务服务

一、个人住房贷款代办服务程序

将住宅作为抵押物，抵押给银行贷款，是房地产交易活动中常见的做法。但由于许多购房人不了解办理贷款的流程或不愿花费精力亲自办理，愿意委托房地产经纪人员代为办理，房地产经纪机构也可因提供此类服务而获取报酬。

个人住房贷款代办服务程序一般包括拟订贷款方案、签订个人住房贷款代办服务合同、协助委托人准备贷款申请材料和协助委托人办理贷款申请手续等。

（一）沟通接洽

客户委托房地产经纪机构代办个人住房贷款时，房地产经纪人员应详细告知客户贷款办理流程和银行贷款政策，应充分考虑客户的储蓄、收入水平、家庭开支以及家庭理财状况，提出合理的建议。例如，客户是否具备申请住房公积金贷款的条件，如具备，在同等条件下，建议优先选择住房公积金贷款。个人住房贷款是一项重大的家庭融资活动，房地产经纪人员如能从客户家庭理财的角度给予合理的建议，会赢得客户的信任，提高房地产经纪服务的附加值。

（二）签订个人住房贷款代办服务合同

个人住房贷款代办服务是房屋交易居间服务之外的延伸。按照《房地产经纪管理办法》第十七条规定："房地产经纪机构提供代办贷款、代办房地产登记等其他服务的，应当向委托人说明服务内容、收费标准等情况，经委托人同意后，另行签订合同。"因此，房地产经纪机构与委托人签订个人住房贷款代办业务合同，明确委托事项，约定双方的权利义务和收费标准。

根据个人住房贷款代办服务的内容，代办服务合同应包括以下内容：

（1）委托双方的基本资料。

（2）委托事项，明确本次个人住房贷款代办服务内容，包括拟定贷款方案、协助委托人准备贷款申请材料、协助委托人办理贷款申请手续等。

（3）双方的权利和义务，明确委托方应对提供资料的真实性和完整负责，受托方应协助委托方办理有关手续。

（4）服务收费。

（5）违约责任。

（6）委托双方签字盖章。

《房地产经纪管理办法》第十八条第二款规定："房地产经纪机构不得收取任何未予标明的费用；不得利用虚假或者使人误解的标价内容和标价方式进行价格欺诈；一项服务可以分解为多个项目和标准的，应当明确标示每一个项目和标准，不得混合标价、捆绑标价。"因此，如有客户需要房地产经纪机构提供个人住房贷款代办服务的，应明确代办服务内容，并告知代办服务收费标准。例如，河南省关于个人住房贷款代办服务没有统一规定其收费标准，根据个人住房贷款代办服务内容，郑州市个人住房贷款代办服务一般按件收费，每件为 500~800 元。

二、个人住房贷款代办服务内容

房地产经纪机构在接受代办委托后，应详细告知客户贷款办理流程和银行个人住房贷款政策，包含内容有银行名称、借款人要求、抵押物要求、贷款成数、利率、贷款所需资料、办理流程、银行咨询电话、银行地址等。房地产经纪人员应熟悉掌握各银行的贷款政策，根据客户自身条件向客户提供贷款咨询建议。

（一）拟订贷款方案

房地产经纪机构在接受委托进行个人住房贷款代办服务时，首先需要协助委托方拟订合理的贷款方案，贷款方案主要由以下要素组成：

1. 贷款成数

银行一般有最高贷款成数的规定。各地、各时期贷款成数不尽相同。最高贷款金额一般不超过房地产价值的 70%。

2. 贷款额度

在个人住房贷款中，贷款的数额一般为所购住房总价减去首付款后的余额。

3. 贷款期限

贷款期限由贷款人和借款人根据情况商定，但一般有最长期限的规定，如个人住房贷款期限最长为 30 年。在个人住房贷款中，贷款人可能的寿命越短，贷款期限会越短；借款人的年龄越大，贷款期限会越短。

4. 偿还比率

在发放贷款时，通常将偿还比率作为衡量贷款申请人偿债能力的一个指标，目前大多数银行都对个人住房抵押贷款规定了最高偿还比率，一般是 50%，即给予借款人的最高贷款金额不使其分期偿还额超过其家庭同期收入的 50%。

5. 贷款偿还方式

目前我国个人住房贷款的偿还方式主要有等额本息还款和等额本金还款两种。不同的还款方式，对借款人借款后的现金流要求是不同的。采用等额本息还款法时，各期还款压力是一样的；采用等额本金还款法时，借款初期还款压力较大，以后依次递减。房地产经纪人员在帮助客户制定贷款方案时，应充分考虑客户的储蓄、收入水平、家庭开支以及家庭理财状况，进行综合考虑，还贷的方式一般由借款客户自己选择，房地产经纪人员应向借款人介绍等额本金和等额本息两种还贷方式的区别，为贷款客户提供参考意见。

（二）协助准备贷款申请材料

在贷款过程中，客户应根据银行要求提供贷款所需资料，申请个人住房贷款一般需要向贷款人提供下列资料：

（1）个人住房借款申请。

（2）基本证件（指居民二代身份证、居民户口簿和其他有效居住证件、婚姻状况证明）。

（3）有关借款人家庭稳定的经济收入的证明。

（4）符合规定的购买（建造、大修）住房合同、协议或其他批准文件。

（5）抵押物或质押物的清单、权属证明以及有处分权人同意抵押或质押证明；保证人同意提供担保的书面文件和保证人资信证明。

（6）贷款人要求提供的其他文件或资料。近几年由于受国家对房地产调控政策的影响，金融机构的贷款政策变化较快，有时因提供资料不及时而影响贷款审批或有时因利率变化，进而会引起贷款代办服务纠纷；有时，因客户提供虚假资料被银行发现后，会因为诚信问题影响贷款审批。因此，房地产经纪机构应明确告知客户提供的资料应真实、全面、及时。

房地产经纪机构和客户之间存在资料交接问题，有时会发生身份证明或房屋所有权证原件交接；另外，因交接时间无法确定也极易产生纠纷。房地产经纪机构应有书面交接手续，内容包括资料名称、提供人、接收人、交接时间等，明确交接双方的责任，房地产经纪人员应认真、准确地填写，避免纠纷的产生。

（三）协助办理贷款申请手续

在贷款过程中，由于贷款流程复杂，客户需多次来往于银行、公积金管理中心、房地产管理部门、交易资金监管机构等部门，每个部门所需资料、办理时间、办理要求等不尽相同，使得客户对贷款程序心存畏惧。房地产经纪机构应发挥专业优势，按照个人住房贷款代办服务合同中的要求为客户提供贷款过程中的代办服务，具体在办理贷款申请手续中的代办服务包括：

（1）带领客户去银行面签借款合同。

（2）协助客户办理交易资金监管手续及过户手续。

（3）协助客户到房地产管理部门办理房屋抵押登记手续。

三、个人住房贷款代办服务中业务文书的使用

(一) 代办合同

代办合同是指借款人委托房地产经纪机构代办个人住房贷款而签订的服务合同，个人住房贷款代办服务是房地产经纪延伸服务的一种，房地产经纪机构门店代办较为普遍。

房地产经纪机构在为客户提供办理贷款的服务时，必须签订个人住房贷款代办服务合同，明确约定经纪机构的服务内容和责任范围，不对贷款能否获批、贷款额度、利率、代办期限等做出承诺。

如在操作中不注意风险防范，客户贷款不成功的责任就可能要由经纪门店承担，因为贷款能否成功需银行批准，主要取决于客户的资信和条件。因此，房地产经纪人员应熟悉代办合同的内容，在委托前对客户讲清代办内容，及时签订代办合同，不能为提升业绩而做不实承诺或夸大代办范围，避免因责任不清而产生纠纷。

(二) 借款合同

《借款合同》是指办理贷款业务的银行作为贷款人一方，向借款人提供贷款，借款人到期返还借款并支付利息的合同。银行《借款合同》具有有偿性、要式性、诺成性，自签订之日生效。签订借款合同，应注意几点。

1. 借款合同要由借款人填写

根据《中华人民共和国合同法》的有关规定，借款合同是双方当事人真实的意思表示，双方当事人就合同的主要内容、条款达成合意的，借款合同即告成立。银行《借款合同》一般都是格式合同，提供格式条款的一方也就是银行，因此借款合同应由借款人填写，可以让借款人理解合同内容、条款，银行对条款负有解释的义务这样可以防止因理解不同发生纠纷。

2. 借款人需要明确借款用途

借款人应当按照约定的借款用途使用借款，借款人未按照约定的借款用途使用借款的，贷款人可以停止发放借款、提前收回借款或者解除合同。

3. 按期支付利息和本金

银行《借款合同》作为有偿合同，借款人有义务按照约定的期限支付利息和本金，应注意还款日期，避免因为延迟还款影响个人信用记录。

（三）抵押合同

《抵押合同》是抵押权人与抵押人签订的担保性质的合同，抵押人以一定的财物向抵押权人设定抵押担保，当债务人不能履行债务时，抵押权人可以依法以处分抵押物所得价款优先受偿。

在贷款过程中，抵押人和抵押权人应持抵押合同、有关文件及证件到当地登记部门申请抵押登记，登记的目的是防止产权不清或已经失效，以及一物两押。登记部门应在规定日期内办完登记手续，抵押权自登记时设立。

1. 抵押合同内容

（1）抵押人、抵押权人的名称或者个人姓名、住所。

（2）主债权的种类、数额。

（3）抵押财产的具体状况。

（4）抵押财产的价值。

（5）债务人履行债务的期限。

（6）抵押权灭失的条件。

（7）违约责任。

（8）争议解决方式。

（9）抵押合同订立的时间与地点。

（10）双方约定的其他事项。

2. 抵押合同的形式

抵押事项可在主债权合同中设立抵押条款，也可以单独签订抵押合同，但是都必须采取书面形式，抵押合同是要式合同。

3. 抵押合同的效力

抵押权是对债权的保障，当债权无法实现时才出现。抵押合同具有从属性，当合同即债权合同无效时，抵押合同也无效。

4. 抵押合同的变更和终止

（1）抵押合同变更的，应当签订书面的抵押变更合同。抵押合同的变更事项需要抵押人和抵押权人协商一致，方可变更。

（2）抵押合同可以约定终止事由，一般终止情况如下：抵押所担保的债务已经履行、抵押合同被解除、债权人免除债务、法律规定终止或者当事人约定终止的其他情形。

第七章　不动产登记代办业务

第一节　不动产登记制度概述

一、不动产范围和物权种类

（一）不动产范围

不动产是指土地、海域以及房屋、林木等定着物。土地一般是指宗地，由权属界线封闭的地块或者空间。海域一般是指我国内水、领海的水面、水体、海床和底土。房屋是指有固定基础、固定界限且有独立使用价值，人工建造的建筑物、构筑物以及特定空间。在我国，建筑物、构筑物一般统称为房屋。《中华人民共和国城市房地产管理法》第二条第二款规定："房屋是指土地上的房屋等建筑物及构筑物。"林木一般是指人工种植在土地上的树木等。

（二）不动产物权种类

按照物权法定原则，不动产物权的种类和内容应当由法律规定，任何人不能创设物权。不动产物权包括所有权、用益物权和担保物权。

不动产所有权是不动产权利人对其所拥有的不动产依法享有的支配、占有、使用和收益的权利。例如，张某拥有一套住宅的所有权，就可以出售该住宅、占用该住宅、使用该住宅，也可以将该住宅出租，获得租金收益。《中华人民共和国物权法》第四十条规定，所有权人有权在自己的不动产或者动产上设立用益物权和担保物权。用益物权人、担保物权人行使权力，不得损害所有权人的权益。所有权人在自己的不动产或动产上设立用益物权和担保物权，是其行使权利的具体体现。

不动产用益物权是不动产用益物权人对他人所有的不动产依法享有的占有、使用和收益的权利。例如，某房地产开发企业取得一宗建设用地使用权，就可以占有该宗土地、使用该宗土地建造房屋或将该宗土地出租，以获得收益。不动产用益物权主要包括建设用地使用权、宅基地使用权、土地承包经营权和地役权。

不动产担保物权是指为保证特定债权实现，债务人或者第三人以自己的不动产为担保物，当债务人不履行到期债务或者发生当事人约定的实现担保物权的情形时，债权人享有变卖担保物并优先受偿的权利。例如，王某向银行借款并用自己的房屋做担保，在约定时间届满，王某不能向银行偿还借款。银行就有权变卖王某的房屋，并从变卖房屋的房款中优先获得补偿。不动产担保物权主要是抵押权。需要注意的是，房屋租赁权不是物权，而是一种债权。因此，房屋租赁不需要到不动产登记机构登记。按照《城市房地产管理法》的规定，房屋租赁合同仅需要到房屋所在地房产管理部门办理房屋租赁合同备案。

二、不动产登记的概念和范围

（一）不动产登记概念

不动产登记是指不动产登记机构依法将不动产权利归属和其他法定事项记载于不动产登记簿的行为。不动产登记是《物权法》中的一项重要制度，除法律另有规定的外，不动产物权的设立、变更、转让和消灭，经依法登记才能发挥效力。根据《物权法》，2014 年 11 月 24 日，国务院公布了《不动产登记暂行条例》，对不动产登记的范围、程序等做出了原则性规定。

（三）不动产登记范围

不动产登记范围为不动产的物权。《不动产登记暂行条例》第五条规定，不动产登记的围是：①集体土地所有权；②房屋等建筑物、构筑物所有权；③森林、林木所有权；④耕地、林地、草地等土地承包经营权；⑤建设用地使用权；⑥宅基地使用权；⑦海域使用权；⑧地役权；⑨抵押权；⑩法律规定需要登记的其他不动产权利。

三、不动产登记的目的

（一）保护不动产权利人的物权

通过登记在不动产登记簿中记载物权的归属和状况，并向权利人、利害关系人提供不动产登记簿的查询，就可以清晰准确地展现出不动产物权的归属和内容，保护权利人依法取得的物权。

（二）维护交易安全

不动产登记簿具有公信效力，即便不动产登记簿上记载的物权归属和内容与真实情况不一致，只要权利人、利害关系人没有申请更正登记或异议登记，善意信赖登记簿记载的当事人不动产交易就应当得到保护。因此，不动产物权交易的当事人通过查询不动产登记簿，就可以判断作为交易标的物的不动产上的物权归属与内容，可以正确判断能否进行交易，避免受到他人欺诈。不动产登记为交易当事人提供了便利，减少了交易成本，保证了交易安全，提高了交易效率。

（三）利于国家对不动产进行管理、征收赋税和进行宏观调控

首先，做好城市规划、建设和管理工作，就必须了解城市土地的自然状况，以及房屋的布局、结构、用途等基本情况。要做好房地产开发和住宅建设，就必须了解建设区域内的土地和原有房屋的各种资料，以便合理地规划建设用地，妥善安置原有住户，并依法按有关规定对征收的房屋给予合理补偿。此外，房屋买卖和物业管理等一系列活动都涉及房地产权属和房屋的自然状况等。通过不动产登记，就可以集中采集、确定、掌握房地产的位置、权界、面积、建筑年代等信息，供相关机构、部门使用。

其次，不动产登记制度使得国家能够细致全面掌握境内不动产情况，为征收各种赋税服务，如我国《契税暂行条例》第十一条第二款规定：在房屋所有权转移登记和建设用地使用权的转移登记中，当事人没有提交契税完税凭证，土地或房产登记机构不能办理转移登记。《土地增值税暂行条例》第十二条规定：纳税人未按照本条例缴纳土地增值税的，土地管理部门、房产管理部门不得办理有关的权属变更手续。

最后，不动产登记的信息能够为国家进行宏观调控，推行各种调控政策提供决策的依据。例如，通过不动产登记的数据，国家可以准确地判断房地产交易的实际情况和城镇居民的居住情况等，以便进行相应的宏观调控。

四、不动产登记机构

（一）不动产登记机构设置

《物权法》确定了国家对不动产实行统一登记制度。《不动产登记暂行条例》实施前，国土资源、住房城乡建设（房地产）和林业等部门依据《中华人民共和国土地管理法》《城市房地产管理法》《中华人民共和国森林法》等法律，分别负责土地、房屋和林木、林地等不动产登记工作。2013 年 12 月，中央机构编制委员会印发了《中央编办关于整合不动产登记职责的通知》，确定国土资源部负责指导监督全国土地登记、房屋登记、林地登记、海域登记等不动产登记工作。住房城乡建设部、国家林业局、国家

海洋局等协同国土资源部分别指导房屋、林地、海域登记工作。《不动产登记暂行条例》第六条规定：国务院国土资源主管部门负责指导、监督全国不动产登记工作。县级以上地方人民政府应当确定一个部门为本行政区域的不动产登记机构，负责不动产登记工作，并接受上级人民政府不动产登记主管部门的指导、监督。根据《不动产登记暂行条例》，不动产登记由不动产所在地的县级人民政府不动产登记机构办理；直辖市、设区的市人民政府可以确定本级不动产登记机构统一办理所属各区的不动产登记。跨县级行政区域的不动产登记，由所跨县级行政区域的不动产登记机构分别办理。不能分别办理的，由所跨县级行政区域的不动产登记机构协商办理；协商不成的，由共同的上一级人民政府不动产登记主管部门指定办理。国务院确定的重点国有林区的森林、林木和林地，国务院批准项目用海、用岛，中央国家机关使用的国有土地等不动产登记，由国务院国土资源主管部门会同有关部门规定。

（二）不动产登记机构职责

不动产登记机构应当履行的职责为：查验申请人提供的权属证明和其他必要材料；就有关登记事项询问申请人；如实、及时登记有关事项；法律、行政法规规定的其他职责。申请登记的不动产有关情况需要进一步证明的，不动产登记机构可以要求申请人补充材料，必要时可以实地查看。权利人、利害关系人可以申请查询、复制登记资料，登记机构应当提供。不动产登记机构不得要求对不动产进行评估；不得以年检等名义进行重复登记；不得有超出登记职责范围的其他行为。不动产登记机构因登记错误，给他人造成损害的，应当承担赔偿责任。不动产登记机构赔偿后，可以向造成登记错误的人追偿。

五、不动产物权生效时间

不动产登记是不动产物权公示的方式，但并不是所有的不动产物权都必须经过登记后才生效。根据《物权法》，不动产物权生效情形分为法定生效、事实行为成就时生效和登记生效三种情形。

（一）法定生效

根据法律规定物权生效。《物权法》第四十七条规定，城市的土地属于国家所有。因此，属于国家所有的土地所有权就不需要通过登记的方式来公示所有权的归属。

（二）事实行为成就时生效

为及时明确物权的归属，《物权法》规定了几种事实行为发生未经登记，物权也生效的情形。《物权法》第二十八条、第二十九条和第三十条规定，依据人民法院、仲裁委员会的法律文书或者人民政府的征收决定设立、变更、转让或者消灭物权；继承或者受遗赠取得房地产；合法建造取得房屋所有权、拆除房屋注销所有权。但需要注意的是，根据《物权法》第三十一条规定，上述事实行为成就时取得物权后，再处分上述物权时，按照法律规定需要先办理登记，再进行处分，才能发生物权效力。

（三）登记生效

登记是物权公示最主要的方法。除法定生效和事实行为成就时生效的情形外，其他行为导致不动产物权的设立、变更、转让和消灭，均应当依法申请登记，自记载于不动产登记簿时发生效力；未经登记，不发生效力。不动产物权登记生效的情形主要有买卖、交换、赠予、分割房地产登记；基于合同约定抵押房地产登记；除依据法律文书、人民政府的征收决定和拆除房屋事实行为；已登记房地产权利的变更、更正、注销登记等。

【思考题】李某父亲于2013年8月5日死亡，8月20日登记机构受理李某的继承房屋登记申请，8月22日将申请登记事项记载于登记簿，8月23日李某领取房屋所有权证书。李某取得该房屋所有权的时间是2013年（　　　）。

A. 8月5日　　　　B. 8月20日　　　　C. 8月22日　　　　D. 8月23日

第二节　不动产登记种类和程序

一、不动产登记的类型

不动产登记有多种分类方法。按照登记物的类型可分为土地登记、房屋登记和林权登记等；按照登记物权的类型可分为所有权登记和他项权利登记；按照登记的业务类型可分为首次登记、变更登记、转移登记、注销登记、更正登记、异议登记、查封登记和预告登记。我们通常讲申请办理某类不动产登记一般采用"登记物的类型+物权类型+业务类型"的方式进行描述。例如，张某购买李某的房屋，应当申请办理房屋（物的类型）+所有权（物权类型）+转移登记（业务类型）。

（一）按照登记的物分类

1. 土地登记

土地登记是指不动产登记机构依法将土地权利及相关事项在不动产登记簿上予以记

载的行为，如集体所有权登记、国有建设用地使用权登记、集体建设用地使用权登记、宅基地使用权登记、土地使用权抵押权登记等。

2. 房屋登记

房屋登记是指不动产登记机构依法将房屋建筑物、构筑物权利及相关事项在不动产登记簿上予以记载的行为，如房屋所有权登记、房屋抵押权登记、预购商品房预告登记。

3. 林权登记

林权登记是指不动产登记机构依法对森林、林木和林地权利及其相关事项在不动产登记簿上予以记载的行为。

4. 海域登记

海域登记是指不动产登记机构依法对海域权利及相关事项在不动产登记簿上予以记载的行为。依法使用海域，在海域上建造建筑物、构筑物的，应当申请海域使用权及建筑物、构筑物所有权登记。

(二) 按照登记的物权分类

1. 不动产所有权登记

不动产所有权登记是指不动产登记机构依法将不动产所有权及相关事项在不动产登记簿上予以记载的行为，如发生房屋买卖、互换、赠予、继承、受遗赠、以房屋出资入股，导致房屋所有权发生转移的，当事人应当在有关法律文件生效或者事实发生后申请房屋所有权转移登记。

2. 不动产他项权利登记

不动产他项权利登记是指不动产登记机构依法将用益物权和担保物权等他项权利及相关事项在不动产登记簿上予以记载的行为。

（1）不动产用益物权登记包括土地承包经营权登记、建设用地使用权登记、宅基地使用权登记和地役权登记等。

（2）不动产担保物权即抵押权登记。抵押权又分为一般抵押登记和最高额抵押登记。此外，《物权法》还将在建工程抵押纳入抵押权登记的范畴。

(三) 按业务类型分类

1. 首次登记

首次登记是指不动产权利第一次登记。除法律、行政法规另有规定的外，未办理不动产首次登记的，不得办理不动产其他类型登记。

2. 变更登记

变更登记是指不动产物权的权利归属主体不变，而只是不动产登记的其他内容发生变化时进行的登记。例如，王某自建的房屋已办理了房屋所有权登记，因生活需要，王某依法在原房屋上又加建一层，房屋面积增加了 $100m^2$。该房屋所有权属王某没有变化，但房屋的面积发生了变化，王某应当向不动产登记机构申请变更登记。

3. 转移登记

转移登记是指不动产所有权、抵押权等物权发生转移时进行的登记。例如，王某将房屋卖给李某，王某和李某应当向不动产登记机构申请办理转移登记。该房屋所有权由王某转移给李某所有。

【思考题】某房地产经纪人协理办理了下列业务，其不属于房地产转让的是(　　　)

A. 房地产互换　　　　　　　　　B. 房地产继承

C. 房地产入股　　　　　　　　　D. 所有权人名称变更

4. 注销登记

注销登记是指因法定或约定的原因使已登记的不动产物权归于消灭，或因自然的、人为的原因使不动产本身灭失时进行的一种登记，如房屋倒塌就属于不动产本身的灭失，房屋倒塌后，应当申请房屋所有权的注销登记。

5. 更正登记和异议登记

更正登记和异议登记是保护事实上的权利人或者真正权利人以及真正权利状态的法律措施。更正登记是对原登记权利的涂销，同时对真正权利进行登记。异议登记是将事实上的权利人以及利害关系人对不动产登记簿中记载的权利所提出的异议计入登记簿中，其法律效力是使登记簿所记载权利失去推定的效力。《物权法》规定，权利人、利害关系人认为不动产登记簿记载的事项错误的，可以申请更正登记。不动产登记簿记载的权利人书面同意更正或者有证据证明登记确有错误的，登记机构应当予以更正。不动产登记簿记载的权利人不同意更正的，利害关系人可以申请异议登记。登记机构予以异议登记的，申请人在异议登记之日起十五日内不起诉，异议登记失效。异议登记不当，造成权利人损害的，权利人可以向申请人请求损害赔偿。

6. 预告登记

预告登记是指为了确保债权的实现和物权的获得，按照约定向不动产登记机构申请办理的预先登记。最常见的预告登记是预购商品房的预告登记，《物权法》第二十条规定：当事人签订买卖房屋或者其他不动产物权的协议，为保障将来实现物权，按照约定可以向登记机构申请预告登记。预告登记后，未经预告登记的权利人同意处分该不动产的，不发生物权效力。

7. 查封登记

查封登记是指不动产登记机构按照人民法院的生效法律文书和协助执行通知书，配合人民法院对指定不动产在不动产登记簿上予以注记，以限制权利人处分被查封的不动产的行为。被查封、预查封的房屋，在查封、预查封期间不得办理抵押、转让等权属变更、转移登记手续。根据最高人民法院、建设部、国土资源部联合下发的《关于依法规范人民法院执行和国土资源房地产管理部门协助执行若干问题的通知》（法发〔2004〕5号）规定，房屋、土地被查封期间，不得办理抵押、转让等权属变更、转移登记手续。

根据房地产经纪人协理的业务需要，在具体登记业务中，我们将主要介绍土地和房屋所有权、使用权和抵押权登记的有关内容。

二、不动产登记程序

不动产登记程序主要有申请、受理查验、登簿发证。

（一）申请

申请不动产登记的，申请人或者其代理人应当填写登记申请书，并提交身份证明以及相关申请材料，到不动产登记机构办公场所申请。申请材料应当提供原件。因特殊情况不能提供原件的，可以提供复印件，复印件应当与原件保持一致。不动产登记申请以共同申请为原则，以单方申请为例外，即申请不动产登记原则上由当事人双方共同申请，但特殊情形下，也可以单方申请。根据《不动产登记暂行条例》，属于下列情形之一的，可以由当事人单方申请：

（1）尚未登记的不动产首次申请登记的。

（2）继承、接受遗赠取得不动产权利的。

（3）人民法院、仲裁委员会生效的法律文书或者人民政府生效的决定等设立、变更、转让、消灭不动产权利的。

（4）权利人姓名、名称或者自然状况发生变化，申请变更登记的。

（5）不动产灭失或者权利人放弃不动产权利，申请注销登记的。

（6）申请更正登记或者异议登记的。

（7）法律、行政法规规定可以由当事人单方申请的其他情形。

不动产登记申请人可以是自然人，也可以是法人或其他组织。申请人为自然人的，应具备完全民事行为能力，即一般为年满十八周岁智力正常的成年人。未成年人和其他限制行为能力的人（如精神病人）由其监护人代为申请。申请人申请不动产登记应当提交下列材料：

（1）登记申请书。

（2）申请人身份证明材料，委托他人登记的需提供被委托人身份证明材料和授权委托书。

（3）相关的不动产权属来源证明材料、登记原因证明文件、不动产权证书。

（4）不动产界址、空间界限、面积等材料。

（5）与他人利害关系的说明材料。

（6）法律、行政法规以及本条例实施细则规定的其他材料。

委托他人代为申请的，需要提供代理人身份证明材料和授权委托书。监护人代为申请时，还应当提交证明其监护身份的证明材料。

申请人应当对申请材料的真实性负责。申请人提供虚假材料申请登记，给他人造成损害的，应当承担赔偿责任。

（二）受理查验

不动产登记机构受理不动产登记申请，要查验的资料有：不动产界址、空间界限、面积等材料与申请登记的不动产状况是否一致；有关证明材料、文件与申请登记的内容是否一致；登记申请是否违反法律、行政法规规定。对属于登记职责范围，申请材料齐全、符合法定形式，或者申请人按照要求提交全部补正申请材料的，应当受理并书面告知申请人；申请材料存在可以当场更正的错误的，应当告知申请人当场更正，申请人当场更正后，应当受理并书面告知申请人；申请材料不齐全或者不符合法定形式的，应当当场书面告知申请人不予受理并一次性告知需要补正的全部内容；申请登记的不动产不属于本机构登记范围的，应当当场书面告知申请人不予受理，并告知申请人向有登记权的机构申请。

对房屋等建筑物、构筑物所有权首次登记，在建建筑物抵押权登记，因不动产灭失导致的注销登记，以及不动产登记机构认为需要实地查看的情形，不动产登记机构应当实地查看。对可能存在权属争议，或者可能涉及他人利害关系的登记申请，不动产登记机构可以向申请人、利害关系人或者有关单位进行调查。

对存有的权属争议、申请登记的不动产权利超过规定期限，以及对违反法律、行政法规或法律、行政法规规定不予登记情形的，不动产登记机构应当不予登记，并书面告知申请人。不动产登记机构未当场书面告知申请人不予受理的，视为受理。不动产登记费按件收取，不得按照不动产的面积、体积或者价款的比例收取。具体收费标准由国务院有关部门会同价格主管部门规定。

除涉及国家秘密的外，有下列情形之一的，不动产登记机构应当在登记事项记载于登记簿前进行公告：

（1）政府组织的集体土地所有权登记。

（2）宅基地使用权及房屋所有权，集体建设用地使用权及建筑物、构筑物所有权，土地承包经营权等不动产权利的首次登记。

（3）依职权更正登记。

（4）依职权注销登记。

（5）法律、行政法规规定的其他情形。

公告应当在不动产登记机构门户网站以及不动产所在地等指定场所进行，公告期不少于15个工作日。公告所需时间不计算在登记办理期限内。公告期满无异议或者异议不成立的，应当及时记载于不动产登记簿。

（三）登簿发证

经查验，对符合登记申请条件的，不动产登记机构应当予以登记，依法将各类登记事项准确、完整、清晰地记载于不动产登记簿。任何人不得损毁不动产登记簿，除依法予以更正外不得修改登记事项。不动产登记簿记载的内容有：不动产的宗地面积、坐落、界址、房屋面积、用途、交易价格等自然状况；权利人、权利类型、登记类型、登记原因权利变化等权属状况；涉及不动产权利限制、提示的事项等。不动产登记簿由不动产登记机构按照统一的登记簿样式自行制作使用。不动产登记机构可以结合地方实际，针对不同的权利登记事项，对登记簿做相应调整，但不得随意减少登记簿的内容。

不动产登记机构完成登记，应当依法向申请人核发不动产权证书或者登记证明。除办理抵押权登记、地役权登记和预告登记、异议登记，向申请人核发不动产登记证明外，不动产登记机构应当依法向权利人核发不动产权属证书。查封登记不颁发证书或证明。不动产权证书和不动产登记证明由国土资源部统一监制。

除法律另有规定的外。不动产登记机构应当自受理登记申请之日起30个工作日内办结不动产登记手续。

第三节　不动产登记业务代办服务

一、不动产登记业务代办服务需求

不动产登记具有专业性和复杂性，不动产交易当事人一般并不了解不动产登记的程序、条件和需要提供的申请材料。因此，通常委托房地产经纪人员代为办理不动产登记。房地产经纪人员将所承办的多个交易业务集中去申请办理不动产登记，也可以降低申请办理单笔不动产登记所耗费的时间和精力，具有单个权利人不具备的成本优势。因此，不动产登记业务代办服务成为房地产经纪人员为不动产交易当事人提供的后续服务项目之一。需要注意的是，不动产登记代办服务环节是在房屋买卖合同已签订，居间任务已完成之后。因此，应当将不动产登记代办服务与居间服务区分开，避免因不动产登记从申请到领取不动产权属证书（不动产登记证明）时间长导致居间佣金不能及时收取的后果。

二、不动产登记业务代办服务前期核验

（一）身份核验

1. 不动产登记委托人为自然人

（1）核验其民事行为能力。不动产登记委托人应当具有完全民事行为能力，不具备完全民事行为能力的人（如限制行为能力人、无民事行为能力的人），需由其监护人委托。例如，当事人精神健康状况不良，根据相关法律规定，经法院特别程序，认定其为限制民事行为能力的人，并由法院指定监护人，由其监护人代为办理。由监护人委托的，应当提交监护人身份证明、被监护人居民身份证或户口簿（未成年人）、证明法定监护关系的户口，或者其他能够证明监护关系的法律文件。

（2）核验委托人提供的身份。境内年满 16 周岁的自然人应提交居民身份证，未满 16 岁的自然人可以提交居民身份证，也可以提交户口簿作为身份证明；军人应提交居民身份证或军官证、士兵证等有效身份证件；香港、澳门特别行政区自然人应提交香港、澳门特别行政区居民身份证或香港、澳门特别行政区护照、港澳居民来往内地通行证、港澳同胞回乡证；台湾地区自然人应提交台湾居民往来大陆通行证或台胞证；华侨应提交中华人民共和国护照；外籍人士应提交中国政府主管机关签发的居留证件或其所在国护照。

2. 不动产登记委托人为法人或其他组织

境内企业法人应提交企业法人营业执照，机关法人、事业单位法人和社团法人应提交组织机构代码证、事业单位法人证书和社会团体法人登记证书；境外企业法人应提交其在境内设立分支机构或代表机构的批准文件和注册证明；境内经营性其他组织应提交营业执照；境内非经营性其他组织应提交组织机构代码证。

（二）不动产权属证书核验

在不动产统一登记制度实施前，我国大多数城市房屋和土地分别登记发证。根据《不动产登记暂行条例》的规定，不动产统一登记后，原房屋、土地登记部门颁发的房屋权属证书、土地权属证书依然有效。因此，房地产经纪人不但要熟悉现行的不动产权属证书和不动产登记证明，仍需要了解熟悉《不动产登记暂行条例》实施前，土地、房地产管理部门颁发的土地使用权证、房屋所有权证、房屋他项权证和预告登记证明。房地产经纪人员尤其需掌握与房地产经纪活动最为密切的房屋所有权证书的辨析真伪基本知识，防范风险。

（三）不动产权属状况核验

1. 所有权登记权属状况核验

核验要点包括：①所有权归属情况。所有权是否为共有，属共有的，必须经共有人书面同意；②房屋性质。是否为限制出售的经济适用住房、央产房等。按照政策规定，购买经济适用住房不满5年，不得直接上市交易；③抵押情况。房屋是否已抵押，抵押的房屋转让，需抵押权人书面同意；④预告登记情况。在预告登记生效期间，需经预告登记的权利人书面同意；⑤异议登记情况。在异议登记期间，不动产登记簿上记载的权利人以及第三人因处分权利申请登记的，房地产经纪人员应当说明该权利已经存在异议登记的有关事项。委托人申请继续办理的，应当要求委托人提供知悉异议登记存在并自担风险的书面承诺；⑥查封情况。不动产在查封期间，不能办理；⑦出租情况。如租赁期内，承租人是否放弃了优先权。

2. 抵押权登记权属状况核验

核验要点包括：①所有权归属情况，所有权是否为共有，属共有的，必须经共有人书面同意；②房屋性质。是否为限制抵押的廉租住房、学校等；③预告登记情况。在预告登记生效期间，需经预告登记的权利人书面同意；④异议登记情况。在异议登记期间，不动产登记簿上记载的权利人以及第三人因处分权利申请登记的，房地产经纪人员应当说明该权利已经存在异议登记的有关事项。委托人申请继续办理的，应当要求委托人提供知悉异议登记存在并自担风险的书面承诺；⑤查封情况。不动产在查封期间，不能办理；⑥出租情况。如租赁期内，抵押人是否将已出租情况告知抵押权人。

三、不动产登记业务代办服务流程和收费

（一）服务流程

1. 出示本人证明

房地产经纪人员出具房地产经纪人员证明。

2. 查看委托证明

查看委托人提供的不动产权属证书和委托人的身份证明。

3. 介绍政策流程

介绍不动产转让、抵押政策、法规及办理登记的流程。告知应当由业主缴纳税费。由于不动产交易税费的收取标准由主管部门制定，不同时期可能存在不同的收费标准，必须详细解析，有必要时提供相关的法律、法规、条例。

4. 了解权属现状

实地查看拟交易的不动产，了解不动产权属及使用状况。转让不动产时，要重点了解是否存在共有权人，是否存在限制转移的情形，是否存在抵押、查封等权利限制情况，是否已出租、是否存在异议登记。抵押不动产时，则要重点了解是否存在共有权人、是否存在限制抵押的情形、是否存在查封等权利限制情况，是否已出租。

5. 搜集相关材料

要求委托人提供买卖合同等相关材料，接受委托人提供的相关材料，签收并妥善保管。

6. 签订委托合同

与委托人签订房地产登记业务代办合同，收取代办服务费。指导委托人填写登记申请书，并代收不动产登记相关税费。

7. 前往办理登记

房地产经纪人员前往不动产所在地不动产登记机构申请办理相关的登记事项，代为缴纳不动产登记各类税费。

8. 领取权属证书

依法登记后，领取不动产权属证书或不动产登记证明，并将其与办理登记所缴纳各种税费的发票一并转交给委托人。

（二）收费

房地产经纪服务实行明码标价制度。房地产经纪机构应当遵守价格法律、法规和规章规定，在经营场所醒目位置标明房地产经纪服务项目、服务内容、收费标准以及相关房地产价格和信息。房地产登记代办费用，应当在房地产经纪合同或委托代办合同中明确约定。房地产登记代办费用不应包括应由委托人缴纳的各种税费。房地产经纪人员应将代委托人缴纳的各种税费缴款凭证、发票交给委托人，据实结算。

1. 现行土地登记收费标准

土地登记费包括土地权属调查、地籍测绘和证书费。土地权属调查和地籍测绘按土地使用面积收取，如企业土地使用面积在 1000m²（含 1000m²）以下每宗地收 100 元，每超过 500m²以内加收 40 元，最高不超过 4 万元。城镇居民住房用地面积在 100m²（含 100m²）以下每宗地收取 13 元，每超过 50m²以内增收 5 元，最高不超过 30 元。证书费每证 5 元，单位每证 10 元。

2. 现行房屋登记收费标准

房屋登记费按件向申请人收取，双方共同申请的登记，向房屋权利人一方收取登记费。住房登记收费标准为每件 80 元；非住房房屋登记收费标准为每件 550 元。住房登记一套为一件；非住房登记的房屋权利人按规定申请并完成一次登记的为一件。房地产主管部门按规定核发一本房屋权属证书免收证书费。向一个以上房屋权利人核发房屋权属证书时，每增加一本证书加收证书工本费 10 元。

第八章 房地产经纪业务风险防范

房地产经纪业务风险通常来自两个层面，一是宏观社会经济环境层面中各种变量引发的风险，二是房地产经纪业务具体环境层面中各种变量导致的风险，包括房地产客体、参与房地产交易主体、房地产经纪行业和其他相关参与者。房地产经纪业务风险存在是客观的，重要的是房地产经纪机构和经纪人员要学会识别风险、规避风险。

第一节 房地产经纪业务中的主要风险

一、行政处罚风险

（一）未按政府部门要求公示相关信息引发的风险

房地产经纪机构及其分支机构应当在其经营场所醒目位置公示下列内容：营业执照和备案证明文件；服务项目、内容、标准；业务流程；收费项目、依据、标准；交易资金监管方式；信用档案查询方式、投诉电话及12358价格举报电话；政府主管部门或者行业组织制定的房地产经纪服务合同、房屋买卖合同、房屋租赁合同示范文本；法律、法规、规章规定的其他事项。

分支机构还应当公示设立该分支机构的房地产经纪机构的经营地址及联系方式。房地产经纪机构代理销售商品房项目的，还应当在销售现场明显位置明示商品房销售委托书和批准销售商品房的有关证明文件。

根据《房地产经纪管理办法》规定，房地产经纪机构在开展业务前必须完成上述内容的公示，如未进行公示，一经被相关政府部门查处，则将面临被行政处罚的风险。

（二）不与交易当事人签订书面房地产经纪服务合同引发的风险

房地产经纪机构接受委托提供房地产信息、实地看房、代拟合同等房地产经纪服务的，应当与委托人签订书面房地产经纪服务合同。提供代办贷款、代办房地产登记等其他服务的，房地产经纪人员应当向委托人说明服务内容、收费标准等情况，经委托人同意后，另行签订合同。

如违反上述规定，一旦发生纠纷，则难以保障房地产经纪机构和人员的利益。

（三）违规收取服务费引发的风险

房地产经纪服务实行明码标价制度。房地产经纪机构应当遵守有关价格的法律、法规和规章规定，在经营场所醒目位置标明房地产经纪服务项目、服务内容、收费标准以及相关房地产价格和信息。

房地产经纪机构不得收取任何未予标明的费用；不得利用虚假或者使人误解的标价内容和标价方式进行价格欺诈；一项服务可以分解为多个项目和标准的，应当明确标示每一个项目和标准，不得混合标价、捆绑标价。

房地产经纪机构未完成房地产经纪服务合同约定事项，或者服务未达到房地产经纪服务合同约定标准的，不得收取佣金。

两家或者两家以上房地产经纪机构合作开展同一宗房地产经纪业务的，只能按照一宗业务收取佣金，不得向委托人增加收费。

《房地产经纪管理办法》规定，违反上述规定，构成价格违法的，由县级以上人民政府价格主管部门按照价格法律、法规和规章的规定，责令改正、没收违法所得、依法处以罚款；情节严重的，依法给予停业整顿等行政处罚。

（四）经纪服务合同未由经纪人员签字引发的风险

签订房地产经纪服务合同，应当加盖房地产经纪机构印章，并由从事该业务的一名房地产经纪人或者两名房地产经纪人协理签名。

《房地产经纪管理办法》规定，违反上述规定的，由县级以上地方人民政府建设（房地产）主管部门责令限期改正，记入信用档案；对房地产经纪人员处以1万元罚款；对房地产经纪机构处以1万元以上3万元以下罚款。

（五）未尽告知义务引发的风险

签订房地产经纪服务合同前，房地产经纪人员应当向委托人说明《房地产经纪服务合同》和《房屋买卖合同》或者《房屋租赁合同》的相关内容，并书面告知下列事项：是否与委托房屋有利害关系；应当由委托人协助的事宜、提供的资料；委托房屋的市场参考价格；房屋交易的一般程序及可能存在的风险；房屋交易涉及的税费；经纪服务的内容及完成标准；经纪服务收费标准和支付时间；其他需要告知的事项。

交易当事人需要提供房地产经纪服务以外的其他服务的，房地产经纪人员应当经当事人书面同意并告知服务内容及收费标准，书面告知材料应当经委托人签名（盖章）确认。

《房地产经纪管理办法》规定，违反上述规定的，由县级以上地方人民政府建设（房地产）主管部门责令限期改正，记入信用档案；对房地产经纪人员处以1万元罚款；对房地产经纪机构处以1万元以上3万元以下罚款。

（六）擅自对外发布房源信息引发的风险

房地产经纪机构与委托人签订房屋出售、出租经纪服务合同，应当查看委托出售、出租的房屋及房地产权属证书，委托人的身份证明等有关资料，并应当编制房屋状况说明书。经委托人书面同意后，方可以对外发布相应的房源信息。

《房地产经纪管理办法》规定，房地产经纪机构违反上述规定的，由县级以上地方人民政府建设（房地产）主管部门责令限期改正，记入信用档案；对房地产经纪人员处以1万元罚款；对房地产经纪机构处以1万元以上3万元以下罚款。

（七）擅自划转客户交易结算资金引发的风险

房地产交易当事人约定由房地产经纪机构代收代付交易资金的，应当通过房地产经纪机构在银行开设的客户交易结算资金专用存款账户划转交易资金。交易资金的划转应当经过房地产交易资金支付方和房地产经纪机构的签字和盖章。

《房地产经纪管理办法》规定，违反上述规定的，由县级以上地方人民政府（房地产）主管部门责令限期改正，取消网上签约资格，处以3万元罚款。

（八）未按规定如实记录业务情况或保存房地产经纪服务合同引发的风险

房地产经纪机构应当建立业务记录制度，如实记录业务情况。房地产经纪机购应当保存房地产经纪服务合同，保存期不少于5年。

《房地产经纪管理办法》规定，违反上述规定的，由县级以上地方人民政府（房地产）主管部门责令限期改正，记入信用档案；对房地产经纪人员处以1万元罚款；对房地产经纪机构处以1万元以上3万元以下罚款。

（九）不正当行为引发的风险

房地产经纪机构和经纪人员要严格按照法律法规，依法开展房地产经纪活动，房地产经纪机构和房地产经纪人员不得有下列行为：①捏造散布涨价信息，或者与房地产开发经营单位串通捂盘惜售、炒卖房号，操纵市场价格；②对交易当事人隐瞒真实的房屋交易信息，通过低价收进高价卖（租）出房屋赚取差价；③以隐瞒欺诈、胁迫、贿赂等不正当手段招揽业务，诱骗消费者交易或者强制交易；④泄露或者不当使用委托人的个人信息或者商业秘密，谋取不正当利益；⑤为交易当事人规避房屋交易税费等非法目的，就同一房屋签订不同交易价款的合同提供便利；⑥改变房屋内部结构分割出租；⑦侵占、挪用房地产交易资金；⑧承购、承租自己提供经纪服务的房屋；⑨为不符合交易条件的保障性住房和禁止交易的房屋提供经纪服务；⑩法律、法规禁止的其他行为。

《房地产经纪管理办法》规定，违反上述规定的，由县级以上地方人民政府建设（房地产）主管部门责令限期改正，记入信用档案；对房地产经纪人员处以 1 万元罚款；对房地产经纪机构，取消网上签约资格，处以 3 万元罚款。

二、民事赔偿风险

（一）未尽严格审查义务引发的风险

未尽严格审查义务，指的是房地产经纪机构或经纪人员对房源等相关信息未尽勤勉和慎重调查的义务，未严格实施审查。比较常见的是房屋的质量、产权、销售许可等问题，因为这些问题往往需要深入调查才能了解清楚，而一般的经纪机构并不一定能够组织人力对每一套房源进行深入调查。另外，在当前很多地方，房屋管理部门未设立通畅的房屋权属查询渠道，一旦业主不予配合查询，则房地产经纪机构根本无法确保房屋权属的真实性。

在上述主客观因素影响下，为促成交易，有些经纪人员会凭自己的"推理"对有些信息加以补充，如当客户问房源的质量情况时，经纪人员觉得自己看到的该房源的质量好像没有什么问题，于是就随口回答说："没有问题。"而万一客户在成交后发现该房源存在某些质量隐患，就极有可能与经纪人员或经纪机构发生纠纷。

因此，经纪人员应尽可能全面地掌握房源的相关信息，将交易房屋的有关情况调查清楚，而对于某些不清楚的方面，当客户询问时，则要如实告知，以免引发不必要的纠纷。

（二）协助交易当事人提供虚假信息或材料引发的风险

目前，经纪机构在开展经纪业务时，由于许多具体的操作由经纪人员个人直接办理，因而存在不少由于不规范的业务操作引起的风险事故，如虚报成交价、乱收费、伪造客户签名等，这些不规范的操作容易与客户发生纠纷，从而给经纪机构带来经济或名誉上的损失。

1. 虚报成交价

虚报成交价通常是在客户的"要求"下进行的，它分为"高报"与"低报"两种。"高报"是指在向有关部门报告成交价时，所报的成交价高于实际的成交价。客户要求"高报"往往是为了在向银行办理购房贷款时，能够争取到更大金额的贷款。"低报"则与"高报"相反，即在向有关部门报告成交价时，所报的成交价低于实际的成交价。客户要求"低报"一般是为了少交有关的税费。

因为经纪人员在房地产交易中起着见证的作用，对成交价也有见证的责任，而且有些时候，交易双方更是直接求助于房地产经纪人员，要求经纪人员给予指导，所以不论是"高报"还是"低报"，经纪人员都要负相关的法律责任。另外，在当前操作模式下，无论贷款还是缴税均需提供网签合同，而网签合同又是由房地产经纪机构操作的，故"高报"与"低报"成交价格对于房地产经纪机构而言均无法脱离干系。

2. 伪造签名

有时候，由于一些经客户签名的文件因某种原因不符合有关部门的要求，有些经纪人员为了贪图一时的方便或怕客户责怪，会重新准备文件并"伪造"客户的签名。这样做会引起两种后果：一是被有关部门或单位发现，该文件会被退回经纪机构，要求重新递交一份客户亲笔签名的文件，这样就拖延了交易的办理时间，影响了工作效率，有时甚至会引起客户的不满；二是当客户出现违约情况时，如客户在交易中途突然决定取消交易、不支付服务佣金等，这些并非客户亲笔签名的文件，将无法保障经纪机构的合理利益。

（三）承诺不当引发的风险

房地产经纪人员对客户进行承诺时，如果没有把握好分寸，一味地迎合客户的心理，做出无法兑现或其他不适当的承诺，就容易引起纠纷，有时甚至会带来不必要的经济损失，也给经纪机构的形象带来损害。

在经纪业务开展过程中，容易出现承诺不当现象的环节主要有：房源保管、服务协议的签订等。

1. 房屋钥匙保管风险

有些业主（委托人）在将房源委托给经纪机构进行销售或租赁时，会将该房源的钥匙交予经纪机构保管、使用。而不少经纪人员为了带客户看房时方便，甚至会主动向业主（委托人）要求将房源的钥匙交予其保管。这样一来，经纪机构就要承担该房源的保管风险了。

我国现行的法律规定，经纪机构一旦接受了业主（委托人）所委托房源的钥匙，就要对该房源履行保管责任。该房源若是发生失窃或是被人为损坏等情况，所造成的损失皆由经纪机构负责赔偿。特别是对于一些装修较为豪华、家具电器较为名贵的房源来说，经纪机构所要承担的风险更大。因此，经纪人员在接受房源的钥匙时，应就是否对房源履行保管责任等问题，与业主（委托人）签订有关协议，尽量规避房源保管的风险。此外，房地产经纪人员要特别注意，自己负有保管责任并不代表自己可以使用、处理该房屋的相关事宜。因此，房地产经纪人员在保管钥匙期间，不仅自己不能居住或使用房屋，也不能交由他人居住使用。

【案例 8-1】

某房地产经纪机构与卖方签订了房源的独家代理合同。为了方便经纪人员带客户看房，该业主将该房源的钥匙交予经纪机构保管。该房源配备了较为齐全的家具电器。过了一段时间，该房源还未达成交易，却发生了失窃事件，其门锁并未有被损坏的迹象。有关部门经过一系列的调查，一直不能查清失窃的真相所在。

按照我国现行的法律，经纪机构一旦接受了业主（委托人）所委托房源的钥匙，就要对该房源履行保管责任，该房源若是发生失窃或是被人为损坏等情况，所造成的损失皆由经纪机构负责赔偿。所以，这一失窃事件所造成的损失由该接受委托的经纪机构承担。

2. 房地产经纪服务合同风险

目前，很多经纪人员的法律、法规意识淡薄，在与客户签订房地产经纪服务合同时，往往一味地迎合客户的要求，从而在合同中写下某些难以兑现的承诺条款。而一旦客户要求兑现该条款，就会令经纪机构陷入非常被动的境地，甚至最终引起客户的不满，使经纪机构的形象受损。

【案例 8-2】

经纪人员小刘在与买家胡某签订房地产经纪服务合同时，根据胡某的要求，在合同的附加条款里注明："保证一个月内办妥过户手续，如未办妥，将取消此项交易。"在一般情况下，这也是不难做到的。但是偏偏胡某要购买的该套房屋，业主的配偶不同意出售，拖了差不多一个月，都没有说服其配偶同意。因此，胡某在一个月后，就取消了此项交易。小刘所付出的大量劳动也变成了"无用功"。

经纪人员在与客户签订协议时，要有较强的法律、法规意识，不能一味迎合客户的要求而在协议中写下难以兑现的承诺条款，避免服务协议风险。

（四）产权纠纷引发的风险

产权风险一般是指买卖双方签订买卖合同甚至交付定金后才发现，由于房屋产权的种种问题，房屋无法交易或无法过户。每个经纪人员都必须意识到产权确认在存量房交易中的重要性。在交易签约前未做产权核验而引发的纠纷大量出现，不仅浪费了经纪方、买卖双方大量的时间和精力，甚至给客户造成了经济损失，同时也不利于存量房市场的健康发展。

1. 产权瑕疵风险

房屋买卖中确认房屋产权是否存在瑕疵是首要问题。存量房是否即将拆迁、是否已经抵押或涉案被查封、产权共有人的意见等均将成为房屋能否顺利交易的重要因素，而有的产权证明有可能已发放多年，无法清晰显示产权现有的状态。因此，为使交易顺利进行，经纪人员在为客户提供经纪服务之前，应当到房屋所在地的房地产交易管理部门查询该房屋的权属情况，包括该房屋是否抵押、是否受司法限制等，并如实告知买方情况。

【案例 8-3】

经纪人员小张在为客户李某提供房地产经纪服务过程中，适逢周末不能到房地产交易部门进行查证。仅凭卖方单方面的陈述和其出示的一本登记日期为六年前的房产证，经纪人员就代买方向卖方支付了 1 万元的购房定金。星期一小张到房管局查询时方发现该房屋除了抵押给银行外，还因卖方欠债被某法院查封了。当小张再慌张联系卖方时，其已杳无音讯。最后小张只得替李某偿付了 1 万元定金。

【案例 8-4】

经纪人员小丁向客户推荐了一处已抵押房地产，并口头告知其抵押的情况，客户表示愿意接受并支付了定金。但此后该客户以小丁并未告知其抵押情况为由要求取回定金。根据相关法律规定，在无法证实已告知受让人抵押情况下，经纪人员小丁只能退还该笔定金。

2. 产权转移风险

目前，我国的不动产交易采取的是登记要件主义，即房屋必须经过房屋管理部门的过户登记，房地产权利才发生转移。所以，经纪人员在促成买卖双方签订了房地产买卖合同后，应尽快协助买卖双方到房屋所在地的房屋管理部门办理产权过户手续；若双方发生房屋买卖纠纷，应建议当事人尽快向法院提出诉前财产保全或诉讼财产保全，将房屋查封，防止房屋转移。

一些特殊性质的房屋，如集资房、合作建房、经济适用住房、限价商品房等，法律法规对其上市交易有一系列的限制性规定，未达到相关条件则无法上市。有些房地产经纪人员对法律法规了解不多，而客户的法律意识也较为薄弱，往往会认为这种房地产交易只要办理了公证手续即可达到产权转移的目的，于是就容易产生交易纠纷。

【案例 8-5】

客户马某看中北京市昌平区回龙观某小区的一套存量房，价格较为便宜，但房屋性质为经济适用房，且未满五年。马先生出于房价较低的考虑，且在某房地产经纪机构的撮合下，最终与卖方签署了买卖合同，并约定待房屋满五年后再办理过户手续。后因房价上涨较快，卖方提出解约要求，并称该房屋买卖合同无效。客户马某非常不满，投诉至建委。在建委的协调之下，买卖双方最终解约。同时，建委要求该经纪机构退还佣金，对其进行了处罚，理由是从事国家禁止交易的房屋买卖业务。

（五）经纪业务对外合作的风险

经纪人员在从事经纪业务的过程中，为了开拓业务，必然会与一些单位或机构、个人进行一些合作，利用各自的资源增加客户群、提高服务效率，以促成更多的交易。常见的合作单位有商业银行、评估公司和经纪机构等。选择具备合法资质的合作伙伴，对促成交易、保障交易安全有着非同小可的意义。否则，由于合作带来的不可预见的风险则会接踵而至。

1. 银行房地产抵押贷款风险

房地产经纪机构要选择有资质的银行和担保机构为客户办理抵押贷款事宜，还应对其内部架构、业务操作流程、人员素质等做出综合评估方能选定。某些私人设立的担保公司有名无实，无法担负审查、代理申请银行抵押贷款的职责，在获取经纪人员或买卖双方的信任后，借此诈骗房屋或银行贷款，存在严重的经济诈骗行为。经纪人员对抵押贷款机构的资质审查不严格、对整个交易过程的跟进不及时则极有可能令自己陷入困境。

【案例 8-6】

买方通过经纪人员张某与卖方以 35 万元人民币达成了房屋买卖，买方支付了定金 1 万元。为方便办理手续，卖方将房产证交给了张某。为监控交易过程的安全，本应由张某所在公司指定的担保公司为其代办相关手续，但买方坚持要委托其认识的机构办理。

张某多次说服买方未果，最终只得将房产证交给了买方委托的机构。随后张某就没再追问此事，以为正在办理银行抵押贷款当中。过了一段时间，张某联系买方，问贷款办得怎么样了，买方推说银行未批出贷款。张某起疑遂到房管局进行查证，却发现该房屋已被过户至一不知名人士的名下。再联系买方时，买方及担保公司均已人去楼空。经查，该担保公司与买方是同一伙人，制作假签名，然后到房管局办理过户，将房屋过户到第三人的名下，收取房款后潜逃。

因此，经纪人员亦将为自己的过失承担相应的民事法律责任。

2. 同行合作风险

经纪人员在进行业务活动过程中，常会存在与其他同行合作获取房源、客源，达成协议共同分配佣金等情况。这些合作形式应以合法、不串通损害买卖双方利益为前提，否则一旦侵犯了买卖双方的合法利益，被发现存在私自收费、谋取差价等行为的话，轻则追究民事法律责任及行政责任，重则追究刑事责任。

有的经纪人员会认为，合作双方只要签订了内部协议就是合法可行的，出问题时可以根据这份协议去追究对方的责任。须知，如果这份所谓的协议因其违法而并没有法律效力，是不能作为依据的。在买卖双方追究的时候，经纪人员不可避免地要承担相应的法律责任。

【案例 8-7】

经纪人员田某有一客户急需找某小区新建商品房，刚巧旧同事李某（在其他经纪机构任职的经纪人员）有此小区的关系房源。于是田某和李某拟订了一份协议，协议规定：由于是一手内部转名的房屋，向客户另行加收楼价的 10% 作为手续费。除应收的佣金以外，此部分手续费对半分成。

随后，田某与客户签订了售价为 42.9 万元（原售价为 39 万元）的《购房确认书》，并告知客户其中包括支付 3.9 万元作为手续费，方能从一手内部认购人手中购得该房屋。当时该客户同意并付了钱。田某以为客户已清楚知道内情并无异议且已付了钱，于是田某与李某带客户到开发企业处签订了买卖合同（该合同上显示是 39 万元）。不料随后该客户即以经纪人员诈骗为由要求田某退还 3.9 万元的手续费，并投诉到消费者协会。消费者协会经调查相关情况，认为经纪人员田某和李某存在合同欺诈行为。消费者协会责令他们退还多收款项并不得收取任何佣金，同时经纪管理部门对田某及李某做出罚款 1 万元、责令停止执业一年处罚。

（六）道德风险

1. 经纪人员道德风险

某些房地产经纪人员为了个人的利益，会置经纪机构的利益于不顾，做出一些损害经纪机构的利益与形象的举动。这种经纪人员的道德风险也是经纪机构要重点防范的，尤其是在一些财务监管制度不够完善的公司，经纪人员的"可乘之机"较多，风险发生的概率也就较大。

经纪人员的道德风险主要表现为：为了个人利益，将房源或客户资料外泄；利用经纪机构的房源与客户资源，私底下促成双方交易，为自己赚取服务佣金；私自抬高房源的售价，赚取其中的"差价"，甚至有在收到较大金额的服务佣金或订金后，携款潜逃等违法犯罪行为。

尤其要注意的是房源或客户资料外泄的问题。因为房源或客户资料是经纪机构的关键资源,一个经纪机构所掌握的房源或客户资料越丰富,其市场竞争力越强。有些经纪机构为了获取竞争对手的房源或客户资料,会用金钱买通竞争对手公司的经纪人员,让他们为其提供需要的资料。

对经纪人员道德风险的管理是一项长期、系统的工作,它要求经纪机构一方面要不断完善各项管理制度,另一方面则要不断培养经纪人员对公司的归属感、忠诚感,提高其道德修养。

2. 客户道德风险

经纪机构在与缺乏契约精神的客户打交道时,稍有不慎,就会发生风险事故。经纪机构不可能去衡量每一位客户的道德水准,但如果能对这些类型的风险事故有比较全面、深入的了解,就可以防患于未然。

(1)"跳单"风险。买卖双方在经纪人员的"牵引"下,有时会有所接触。如经纪人员带买方去看房,该房源的业主因为要去开门,也在现场,因此买卖双方就有了相互接触的机会。这种时候,有些客户为了免予支付服务佣金,会在不引起经纪人员注意的情况下,给对方留下联系电话,然后私底下达成交易。这种现象就是业内人士所说的"跳单"。

"跳单"现象不仅没能给经纪人员带来收益,还令经纪人员付出的时间、精力、金钱等"成本"付诸东流。若是经常出现这种现象,则会给经纪人员或经纪机构带来经济负担,不利于经纪业务的开展。

防止客户"跳单"的措施一般是在带客户看房前,要求其签订房地产经纪服务合同或者"看房委托协议",一旦委托人违约,可以通过法律途径解决。

(2)利用伪造证件诈骗。有些客户会通过提供假房产证、假身份证等来进行诈骗,经纪人员如果防范心理不强,或是业务操作不规范,就有可能让他们诈骗成功,从而给经纪人员、经纪机构带来经济损失或形象的损害。

因此,在要发生交易时,经纪机构应对该房源的产权人身份等进行确认,以防止某些委托人虚报其房屋权属资料等,从而给交易造成不便或令交易失败。一般情况下,在收受买方定金之前,经纪人员就应对该房源的产权证、产权人或其合法代理人身份等进行确认,以辨别其真伪。只有在确认产权证、产权人或其合法代理人身份证等皆为真实无误时,才可收受定金。

(3)对经纪人员人身安全的威胁。经纪人员经常要带客户去实地看房,很多时候还只能由一个经纪人员带客户前往,这就给一些犯罪分子提供了可乘之机。这些犯罪分子往往会假扮成要看房的"客户",然后在看房过程中,伺机抢夺经纪人员的财产等,甚至危及经纪人员的生命。

因此，为了规避、防范这种风险，经纪人员在带客户看房之前，应对客户的身份资料进行详细登记，最好能让其出示有效证件，将其号码登记下来，以起警示作用。另外，外出看房应在店中留下记录及预计返回时间，以方便同事及时发现异常情况。

第二节　房地产经纪业务的风险防范

一、主动进行风险识别

在现实中，房地产经纪人员往往风险意识薄弱，通常要发生事故，导致损失后，才认识到风险的存在，因此主动识别经纪业务中的各类风险，是进行风险防范的必要前提。

（一）建立风险识别系统

每一个经纪机构的规模、运作构架不同，因而风险识别系统也难有统一的模式。总体来说，经纪机构在建立风险识别系统时，要遵循两个基本原则：一是尽量以不影响日常的工作效率为前提。虽然建立完善的风险识别系统至关重要，但若是因此影响了工作效率，从而间接地降低了公司的盈利能力，则未免得不偿失。二是要全面考察，即针对每一个工作环节进行考察，识别其风险，这是保证风险识别有效性的重要方式。

根据经纪机构的经营特点，这里主要介绍两个风险识别的切入点：投诉处理和坏账处理。

1. 投诉处理

从某种程度上说，投诉处理最能反映经纪机构在业务开展过程中存在的问题，这些问题往往就是引发风险事故的"隐患"。所以，经纪机构应重视投诉，并通过对投诉问题的了解、处理，识别其中的风险因素。

经纪机构面临的投诉主要来自两方面：一方面是客户，这是最常见、最值得重视的；另一方面则是其他从业的经纪人员，这种情况比较少见，但也是识别风险的一个渠道。

经纪机构应安排专门的工作人员负责投诉处理，他们必须具备较高的专业能力，能够有效地与客户进行沟通、协调，从而保证投诉处理的质量与效果，维护经纪机构的良好形象。同时，更重要的是，他们必须及时将投诉中存在的风险因素进行归纳、总结，并向公司有关部门负责人反馈，使公司的风险防范系统不断得到改进和完善。

2. 坏账管理

房地产经纪业务的应收款，通常是指经纪机构在提供了服务之后，客户承诺支付而未取得的服务费用。当客户拒绝支付或款项严重逾期时，应收款则转化为坏账。多数情况下，客户不会无缘无故不支付服务费用，因而对这些坏账的处理是发现经纪机构或经纪人员在业务操作过程中存在问题的一个渠道，同时也是识别风险的一个切入点。

因为与收益息息相关，经纪机构一般比较重视坏账处理。在这里要特别注意的一点是，在对坏账进行追查、追讨的过程中，工作人员要深入了解客户不愿支付服务佣金的原因，若是从中发现了公司业务操作中的风险因素，应及时向有关部门或负责人反馈。

（二）提高风险别能力

这是针对经纪机构的工作人员而言的。首先，经纪人员要树立风险防范意识，这是提高风险识别能力的基本前提；其次，经纪人员要对可能发生的各类风险有所认识，这一点通常要依靠经纪机构的宣传以及经纪人员自己的信息搜集；再次，经纪人员的业务操作流程要尽量规范化。规范化业务流程本身具有防范风险发生的作用，在现实中，很多风险的发生正是经纪人员贪图方便、不按规范的流程操作所致。另外，经纪人员还应不断巩固、加强自己的各项专业能力，这也是提高风险识别能力的有效手段。

二、正确对待风险

风险是客观存在的，不可完全避免，只要经纪机构、经纪人员开展经纪业务，就必然伴随着风险。现实生活中，有些经纪机构或经纪人员为了回避风险，在开展业务时缩手缩脚，或是在业务操作中设置不必要的"过滤门槛"，使业务拓展的效率降低，从而影响了收益。这一种对待风险的态度过于保守，是不正确的。

概括来讲，对待风险的态度要坚持两个原则：一是不能过于保守，要合理承担风险；二是不能盲目乐观，要正确衡量风险的发生概率及其后果，使风险与收益对等。

（一）合理承担风险

要获得收益，就必须承担相应的风险，收益越大，风险也越大。这是房地产经纪机构、经纪人员在经纪业务中必须明白的一点。因此，在开展经纪业务时，要同时对风险与收益两方面进行衡量，尤其要注意不能为了回避风险，而令工作的效率过低，从而失去竞争力。

（二）风险与收益对等

在经纪业务中存在的风险是各不相同的，这要从风险发生的概率与后果两方面去衡量。有些风险经常发生，但它带来的损失可能较小，后果并不严重；而有些风险虽然较少发生，但它一旦发生，带来的后果较为严重，损失巨大，甚至有可能"拖垮"一个经纪机构。当然，也有些风险是既容易发生，又会带来严重损失的，对于这种风险，经纪机构或经纪人员更要注意严加防范。任何提高工作效率、提供给客户更好更全面的服务或获得更高业务收费的措施都可能伴随风险，必须仔细考量承担的风险与可能获得的收益，如果无法承担某些风险带来的损失或者风险，使公司价值急速贬值或减少，则坚决回避；如果决定承担相应风险，则要使风险与收益对等。

三、风险的防范措施

（一）对外承诺标准化

对外承诺包括口头承诺和书面承诺两方面，在这里主要指的是书面承诺，如交易委托合同、房源钥匙保管协议等。进行对外承诺，其目的主要是在客户心中建立足够的交易信心，从而促进交易顺利完成。在进行对外承诺时，经纪机构或经纪人员必须注意的一点是，所承诺的内容一定是有能力兑现的。为了切实做到这一点，就必须要实行对外承诺标准化，主要从以下三个方面入手。

1. 制定标准的对外承诺文本

制定规范、标准的对外承诺文本，是实行对外承诺标准化的关键。经纪人员在开展经纪业务时，使用标准的承诺文本，能最大限度地防范对外承诺中存在的风险。

2. 展示标准化文本

展示标准化文本，主要是对客户展示各类标准化文本。这是一种通过外部监督的方式来防范对外承诺风险的措施，即经纪机构将本公司所用的文本（包括合同、协议、证明等各类文本）装订成册，在客户面前展示，使客户知道标准文本的样式。这样，在签署相关文件时，客户如果发现经纪人员给他们提供的文本不同于标准文本，他们就会拒签，从而防止发生经纪人员乱做承诺的风险事故。

3. 规范档案与印章管理

档案主要指各类对外承诺文本，也包括在经纪业务开展过程中涉及的其他文件、文本。经纪机构应建立系统的档案管理制度，对各类档案的管理责任人保管方式、保管期限等均应做出明确、详细的规定，避免档案遗失或其他因档案管理不当带来的风险。

印章管理也要建立起明晰、系统的管理制度，对管理责任人及如何使用印章等都要有详细的说明。经纪机构的每一个门店通常都配有相关的印章，印章使用的频率高，如果管理不当，极易发生风险事故。

（二）权限的控制与分配

在开展经纪业务的过程中，涉及各类事务的处理，要最大限度地保证这些事务得到正确的处理，就必须根据每一项事务的涉及面、重要程度等进行分类，然后将各类事务分配给相关的工作人员予以处理。这些责任人的权限必须明确、清晰，尽量让每一项事务皆有专人负责，以便增强工作人员的责任感，使他们既能保证工作质量，又能保证工作效率。

在进行权限的控制与分配时，必须注意的一点是负责处理某项事务的工作人员必须具备相应的能力，即有对所负责的事务进行辨别、判断，从而做出决策的能力。

（三）门店责任人的培训

目前，我国大多数的经纪机构采用连锁经营模式，经营地点分散，经纪机构很难对各个业务操作环节实行集中统一管理。因此，为了保证业务操作的规范，防范由业务操作不规范引起的风险，经纪机构必须对各个经营地点的责任人（一般是指该分店的店长及分店秘书）进行培训。

对门店责任人的培训包括两个方面：一方面是上岗前的系统培训，即对业务操作涉及的各个环节进行详细、透彻的讲解，使他们全面掌握公司规定的操作规范及相应的意义；另一方面是指上岗后的培训，包括定期或不定期的各类培训，这是保证士气与操作规范的重要手段。尤其是在公司出台了新的规定时，更要对责任人进行到岗培训，这样才能确保新规定真正贯彻下去。

（四）建立监察稽核体系

对各个经营地点实行定期或不定期的监察稽核，建立起系统的监察稽核体系，是保证业务操作规范的重要措施。各个经营地点在开展经纪业务时拥有一定的自主权，但经纪机构为了保证公司的正常运转，避免各种不规范操作引起的风险，也会制定相关制度对各个经营地点的业务操作进行指导、规范。进行监察稽核时，主要是考察各个经营地点对这些制度的落实、执行情况。

（五）风险的转移

经纪业务涉及的工作环节众多，经纪机构往往很难对每一个环节都进行到位的风险控制。因此，有不少经纪机构会将某些工作环节交予其他专业公司处理，从而实现一定程度的风险转移，如将房款收取、代办房屋过户手续等业务转交给律师事务所处理等。这样一来，虽然可能增加了开支，但经纪机构也因此规避了某些自身难以控制、管理的风险。同时也应注意在业务转让给其他机构时，对风险责任要进行明确约定。